**Джон Колман**

# Тавистокский институт человеческих отношений

Формирование морального, духовного, культурного, политического и экономического упадка Соединенных Штатов Америки

## Джон Колман

Джон Коулман - британский писатель и бывший сотрудник Секретной разведывательной службы. Коулман подготовил различные аналитические материалы о Римском клубе, Фонде Джорджио Чини, Forbes Global 2000, Межрелигиозном коллоквиуме мира, Тавистокском институте, Черном дворянстве и других организациях, близких к теме Нового мирового порядка.

**Тавистокский институт человеческих отношений**
*Формирование морального, духовного, культурного, политического и экономического упадка Соединенных Штатов Америки*

*The Tavistock Institute of Human Relations: Shaping the Moral, Spiritual, Cultural, Political, and Economic Decline of the United States of America*


Переведено с английского и опубликовано компанией
Omnia Veritas Limited

**www.omnia-veritas.com**

Тавистокский институт человеческих отношений оказал глубокое влияние на моральную, духовную, культурную, политическую и экономическую политику Соединенных Штатов Америки и Великобритании. Она находится в авангарде атаки на американскую Конституцию. Ни одна группа не производила больше пропаганды, чтобы побудить Соединенные Штаты участвовать в Первой мировой войне в то время, когда большинство американского народа было против этого.

Та же тактика была использована социологами Тавистока, чтобы втянуть США во Вторую мировую войну, Корею, Вьетнам, Сербию и две войны с Ираком. Тависток начинался как организация по созданию и распространению пропаганды в Веллингтон Хаус, Лондон, в преддверии Первой мировой войны, которую Тойнби назвал "черной дырой дезинформации". В другой раз Тойнби назвал Веллингтон Хаус "фабрикой лжи". Из несколько примитивного заведения Веллингтон Хаус превратился в Тавистокский институт и весьма противоречивым образом определил судьбы Германии, России, Великобритании и США. Люди этих стран не знали, что им "промывают мозги". Происхождение "контроля сознания", "внутреннего направленного кондиционирования" и массового "промывания мозгов" объясняется в простой для понимания и авторитетно написанной книге.

Падение католических династий, большевистская революция, Первая и Вторая мировые войны, в ходе которых были разрушены старые союзы и границы, конвульсии религии, упадок морали, разрушение семейной жизни, крах экономических и политических процессов, упадок музыки и искусства - все это можно объяснить массовой индоктринацией (массовым промыванием мозгов), которую практиковали социологи Тавистокского института. Среди преподавателей Тавистока был Эдвард Бернейс, племянник Зигмунда Фрейда. Говорят, что герр Геббельс, министр пропаганды Третьего рейха Германии, использовал методы, разработанные Бернейсом, а также методы Вилли Мюнценберга, о необыкновенной карьере которого рассказывается в этой книге о прошлом, настоящем и будущем. Без Тавистока не было бы Первой и Второй мировых войн, большевистской революции, войн в Корее, Вьетнаме, Сербии и Ираке. Без Тавистока Соединенные Штаты не катились бы по дороге к распаду и краху.

## Благодарности

Я безмерно благодарен за помощь, поддержку и долгие часы работы над этой книгой, вдумчивую критику и поощрение, которые оказывали моя жена Лена и наш сын Джон на каждом этапе ее подготовки, включая предложения по оформлению обложки, поиску и чтению источников.

Я также благодарен Дане Фарнес за ее неустанную работу на компьютере и техническую помощь; Энн Луизе Гиттлман и Джеймсу Темплтону, которые побудили меня написать эту книгу и не давали мне покоя, пока я не начал; Рене и Гранту Маган за то, что они выполняли повседневную работу, оставляя мне возможность сосредоточиться на написании книги. Особая благодарность также выражается доктору Кинне МакКейб и Майку Грэнстону, чья верная и постоянная поддержка стала ключевым фактором, позволившим мне завершить эту работу.

# Предисловие

Тавистокский институт человеческих отношений был неизвестен жителям США до тех пор, пока доктор Коулман не раскрыл его существование в своей монографии "*Тавистокский институт человеческих отношений: британский контроль над США*". До этого момента "Тавистоку" удавалось сохранять в тайне свою роль в формировании дел Соединенных Штатов, их правительства и народа с момента его основания в Лондоне в 1913 году в Веллингтон Хаус.

После публикации статьи доктора Коулмана, разоблачающей эту сверхсекретную организацию, появились другие люди, заявившие о своем авторстве, но не сумевшие его подтвердить.

Тавистокский институт начал свою деятельность как организация по созданию и распространению пропаганды, расположенная в Веллингтон Хаус, с целью создания пропагандистского органа, способного сломить сильное сопротивление общественности против надвигающейся войны между Великобританией и Германией.

Проект был поручен лордам Ротмиру и Нортклиффу, и их мандат заключался в создании структуры, способной манипулировать общественным мнением и направлять это сфабрикованное мнение по желаемому пути в поддержку объявления войны Великобритании против Германии.

Финансирование осуществлялось британской королевской семьей, а позднее Ротшильдами, с которыми лорд Нортклифф состоит в брачном родстве. Арнольд Тойнби был выбран директором по исследованиям будущего. Два американца, Уолтер Липпманн и Эдвард Бернейс, были назначены для манипулирования американским общественным мнением для вступления Соединенных Штатов в Первую мировую войну, а также для информирования и направления президента Вудро Вильсона.

Из несколько примитивного начала в Веллингтон-Хаусе возникла чрезвычайно эффективная структура, которая определяла судьбу Германии, Великобритании и особенно Соединенных Штатов, используя весьма изощренный способ манипулирования и создания общественного мнения, обычно называемый "массовым промыванием мозгов".

В ходе своей истории Тависток рос в размерах и амбициях, когда в 1937 году было решено использовать в качестве модели монументальный труд немецкого автора Освальда Шпенглера "*Упадок Запада*" (*Untergange des Abenlandes*).

Ранее члены правления Wellington House Ротмир, Нортклифф, Липпманн и Бернейс прочитали и предложили в качестве руководства труды Корреа Мойлана Уолша, в частности книгу *"Кульминация цивилизации"* (1917), как близко соответствующие условиям, которые необходимо создать перед наступлением Нового мирового порядка в Едином мировом правительстве.

В этом начинании члены правления консультировались с британской королевской семьей и получили одобрение "олимпийцев" (жесткого ядра Комитета 300), чтобы сформулировать стратегию. Финансирование осуществлялось монархией, Ротшильдами, группой Мильнера и семейными трастами Рокфеллеров.

К 1936 году монументальный труд Шпенглера привлек внимание того, что стало Тавистокским институтом. В попытке изменить и перестроить общественное мнение во второй раз менее чем за двенадцать лет, единогласным решением Совета директоров, массивная книга Шпенглера была принята в качестве плана новой рабочей модели, чтобы привести к упадку и необходимому крушению западной цивилизации для создания и установления Нового мирового порядка в рамках Единого мирового правительства.

Шпенглер считал неизбежным, что в западную цивилизацию будут все больше внедряться чужеродные элементы, и что Запад не сможет изгнать эти чуждые формы, тем самым предрешив свою судьбу как общества, чьи внутренние верования и твердые убеждения будут противоречить его внешней профессии, и в результате западная цивилизация распадется подобно древним цивилизациям Греции и Рима.

По мнению Тавистока, Шпенглер внушил западной цивилизации, что она должна изгнать растворяющиеся чужеродные элементы, как это сделала римская цивилизация. Генетические потери, постигшие Европу - и в особенности Скандинавию, Англию, Германию, Францию - (англосаксонскую, нордическую и альпийско-германскую расы), начавшиеся незадолго до Второй мировой войны, уже настолько велики, что превзошли все ожидания, и продолжаются с угрожающей скоростью под квалифицированным руководством менеджеров Тавистока.

То, что раньше было очень редким явлением, теперь стало обычным явлением: черный мужчина женат на белой женщине или наоборот.

Две мировые войны стоили немецкой нации почти четверти ее населения. Большая часть интеллектуальной энергии немецкого народа была перенаправлена в русло войны в защиту отечества, в ущерб науке, искусству, литературе, музыке, культурному, духовному и нравственному прогрессу нации. То же самое можно сказать и о британской нации. Пожар, устроенный британцами под руководством Тавистока, поджег всю Европу и нанес неисчислимый ущерб в соответствии с планом Тавистока, который соответствовал предсказаниям Шпенглера.

Классическая и западная цивилизации - единственные,

которые могут принести миру современный ренессанс. Они процветали и развивались до тех пор, пока эти цивилизации оставались под контролем англосаксонской, нордической, альпийской и германской рас. Непревзойденная красота их литературы, их искусства, их классики, духовное и моральное совершенствование женского пола с соответствующей высокой степенью защиты - вот что отличало западную и классическую цивилизации от других.

Именно этот оплот, по мнению Шпенглера, все больше подвергался атакам, а мышление Тавистока шло параллельными путями, но с совершенно другой целью. Тависток рассматривал эту цивилизацию как камень преткновения для наступления Нового мирового порядка, как и акцент на защите и возвышении женского пола до места большого уважения и почета.

Таким образом, Тависток стремился "демократизировать" Запад, атакуя женственность и расовые, моральные, духовные и религиозные основы, на которых зиждется западная цивилизация.

Как предположил Шпенглер, греки и римляне стремились к социальному, религиозному, моральному и духовному прогрессу и сохранению женственности, и им это удавалось до тех пор, пока они имели контроль и могли организовать все так, чтобы правительство управлялось ограниченным числом ответственных граждан, поддерживаемых населением, все из которых принадлежали к одной чистой, неоскверненной расе. Тавистокские планировщики видели, что способ нарушить равновесие западной цивилизации - это заставить расу измениться нежелательным образом, передав контроль от достойных к недостойным, по примеру древнеримских правителей, которых вытеснили их бывшие рабы и иностранцы, которым они позволили приехать и жить среди них.

К 1937 году Тависток прошел долгий путь от своего начала в Веллингтон Хаус и успешной пропагандистской кампании, которая превратила британскую общественность, решительно настроенную против войны в 1913 году, в добровольных участников с помощью искусства манипуляции и добровольного сотрудничества со средствами массовой информации.

Эта техника была применена через Атлантику в 1916 году для манипулирования американским народом, чтобы заставить его поддержать войну в Европе. Несмотря на то, что подавляющее большинство, включая по меньшей мере 50 сенаторов США, были категорически против того, чтобы США были втянуты в то, что они воспринимали как вражду между Великобританией и Францией, с одной стороны, и Германией - с другой, в основном из-за торговли и экономики, заговорщики были неудержимы. Именно в этот момент Веллингтон Хаус ввел слово "изоляционисты" в качестве уничижительного описания тех американцев, которые выступали против участия США в войне. Использование этих слов и фраз распространилось под влиянием искусного промывания мозгов социологами из Тавистока. Такие термины, как "смена режима", "сопутствующий ущерб", стали обычным явлением.

Изменив план Тавистока в соответствии с американскими условиями, Бернейс и Липпманн под руководством президента Вудро Вильсона разработали первые методические приемы для опроса (производства) так называемого общественного мнения, созданного пропагандой, исходящей из Тавистока. Они также научили Вильсона создавать секретный корпус "менеджеров" для управления военными действиями и корпус "советников" для помощи президенту в принятии решений. Комиссия Крила была первым подобным органом, вырабатывающим мнение, созданным в Соединенных Штатах.

Вудро Вильсон был первым американским президентом, который публично заявил о своей поддержке создания Нового мирового порядка в рамках социалистического Единого мирового правительства. Его удивительное принятие Нового мирового порядка описано в его книге

*"Новая свобода"*.

Они говорят "его" книга, но на самом деле ее написал социалист Уильям Б. Хейл. Уилсон осуждает капитализм. "Это противоречит интересам простого человека и привело к стагнации нашей экономики", - написал Уилсон.

Тем не менее, в то время экономика США переживала процветание и промышленную экспансию, не похожие ни на какие другие в ее истории:

> "Мы находимся перед лицом революции - не кровавой, Америка не создана для пролития крови, - но тихой революции, посредством которой Америка будет настаивать на возвращении к практике тех идеалов, которые она всегда отстаивала, на формировании правительства, посвященного защите общих интересов. Мы находимся накануне того времени, когда систематическая жизнь страны будет поддерживаться или, по крайней мере, дополняться во всех отношениях деятельностью правительства. И теперь мы должны определить, какого рода будет эта правительственная деятельность; будет ли она, в первую очередь, направляться самим правительством, или же она будет косвенной, через инструменты, которые уже сформированы и готовы занять место правительства".

В то время как Соединенные Штаты при президенте Вильсоне все еще оставались нейтральной державой, Веллингтон Хаус излил непрерывный поток лжи о Германии и предполагаемой угрозе, которую она представляла для Америки.

Вспомним высказывание Бакунина в 1814 году, которое так хорошо соответствовало возмутительной пропаганде, которую Уилсон использовал для поддержки своих аргументов:

> "Ложь через дипломатию: у дипломатии нет другой миссии. Когда государство хочет объявить войну другому государству, оно начинает с выпуска манифеста, обращенного не только к своим подданным, но и ко всему миру.

> В этом манифесте она заявляет, что закон и справедливость на ее стороне, и стремится доказать, что ею движет любовь к миру и человечеству (и демократии), и что, проникнутая великодушными и мирными чувствами, она долгое время страдала молча, пока растущее беззаконие ее врага не заставило ее поднять меч.
>
> В то же время он клянется, что, презрев все материальные завоевания и не стремясь к увеличению территории, он положит конец этой войне, как только будет восстановлена справедливость. А его антагонист отвечает аналогичным манифестом, в котором, естественно, право, справедливость, гуманность и все великодушные чувства соответственно на его стороне. Эти взаимно противоположные манифесты написаны с одинаковым красноречием, они дышат одинаковым праведным негодованием, и один из них так же искренен, как и другой, то есть они оба бесстыдны в своей лжи, и только глупцы обманываются ею. Разумные люди, все те, кто имеет хоть какой-то политический опыт, даже не удосуживаются читать подобные заявления".

Прокламации президента Вильсона незадолго до того, как он обратился к Конгрессу с просьбой о конституционном объявлении войны, воплощают каждое из чувств Бакунина.

Он "лгал ради дипломатии" и использовал грубую пропаганду, сфабрикованную в Веллингтон-Хаусе, чтобы возбудить американскую общественность рассказами о зверствах, совершенных немецкой армией во время ее марша по Бельгии в 1914 году. Как мы узнаем, это была, по сути, гигантская ложь, выдаваемая за правду благодаря пропагандистским маневрам Тавистока.

Я помню, как листал большую стопку старых газет в Британском музее, где я провел пять лет, занимаясь обширными исследованиями. Газеты охватывают период с 1912 по 1920 годы. Помню, я подумал тогда: "Разве не удивительно, что стремительное движение к тоталитарному социалистическому правительству Нового мирового порядка возглавляют Соединенные Штаты, якобы бастион свободы? "

Тогда мне стало предельно ясно, что Комитет 300 имеет своих людей на всех уровнях в США, в банковской сфере, промышленности, торговле, обороне, Государственном департаменте и даже в Белом доме, не говоря уже об элитном клубе под названием Сенат США, который, по моему мнению, является просто форумом для продвижения Нового мирового порядка.

Затем я понял, что пропагандистский взрыв президента Вильсона против Германии и кайзера (на самом деле продукт агентов Ротшильдов - лордов Нортклиффа и Ротмира, а также пропагандистской фабрики Веллингтон-Хаус) не сильно отличался от "выдуманной ситуации" в Перл-Харборе, "инцидента" в Тонкинском заливе и т.д., Оглядываясь назад, я не вижу никакой разницы между пропагандистской ложью о жестокости немецких солдат, отрезавших руки и ноги маленьким бельгийским детям в 1914 году, и методами, использованными для одурманивания и одурманивания американского народа, чтобы администрация Буша позволила ему вторгнуться в Ирак. Если в 1914 году Кайзер был "дикой скотиной", "безжалостным убийцей", "монстром", "мясником Берлина", то в 2002 году президент Хусейн был всем этим и многим другим, включая "мясника Багдада"! Бедная обманутая, обманутая, обманутая, соучастная, доверчивая Америка! Когда ты когда-нибудь научишься?

В 1917 году Вудро Вильсон протащил программу Нового мирового порядка через Палату представителей и Сенат, а президент Буш протащил программу Нового мирового порядка для Ирака через Палату представителей и Сенат в 2002 году без обсуждения, в произвольном осуществлении власти и вопиющем нарушении Конституции США, за что американский народ платит огромную цену. Но американский народ страдает от вызванного Тавистокским институтом человеческих отношений травматического шока, ходит во сне и лишен реального руководства.

Они не знают, какова цена, и не стремятся ее узнать.

Комитет 300 продолжает управлять Соединенными Штатами, как это было во времена президентства Вильсона и Рузвельта, пока американский народ отвлекался на "хлеб и зрелища", за исключением того, что сегодня это бейсбол, футбол, бесконечные голливудские постановки и социальное обеспечение. Ничего не изменилось.

Соединенные Штаты, преследуемые, преследуемые, толкаемые и пихаемые, находятся на пути к новому мировому порядку, движимые радикальными республиканцами из партии войны, которые были взяты под контроль учеными из Тавистокского института человеческих отношений.

Совсем недавно один из подписчиков спросил меня, "где найти Тавистокский институт". Я ответил так: "Оглянитесь на Сенат США, Палату представителей, Белый дом, Госдепартамент, Министерство обороны, Уолл-стрит, Fox T.V. (Faux T.V.), и вы увидите их агентов перемен в каждом из этих мест".

Президент Вильсон был первым американским президентом, который "управлял" войной через гражданский комитет, руководимый и направляемый Бернейсом и Липпманном из Веллингтон Хаус, упомянутых ранее.

Оглушительный успех Веллингтон Хаус и его огромное влияние на ход американской истории начались еще до этого, в 1913 году. Вильсон потратил почти год на ликвидацию защитных торговых тарифов, которые предотвращали наводнение американских внутренних рынков "свободной торговлей", что по сути означало разрешение дешевым британским товарам, произведенным низкооплачиваемым трудом в Индии, наводнить американский рынок. 12 октября 1913 года Вильсон подписал законопроект, который ознаменовал начало конца уникального американского среднего класса, долгое время бывшего целью фабианских социалистов. Законопроект был описан как мера по "корректировке тарифов", но точнее было бы назвать его законопроектом по "уничтожению тарифов".

Такова была скрытая сила Веллингтонского дома, что подавляющее большинство американского народа приняло эту ложь, не зная или не понимая, что она стала смертельным звонком для американской торговли и что она привела к НАФТА, ГАТТ и Североамериканскому соглашению о свободной торговле, а также к созданию Всемирной торговой организации (ВТО). Еще более удивительным стало принятие 5 сентября 1913 года Закона о федеральном подоходном налоге, который заменил торговые тарифы в качестве источника доходов федерального правительства. Подоходный налог - это марксистская доктрина, которая не фигурирует в Конституции США, как и Федеральный резервный банк. Вильсон назвал свои два удара по Конституции "борьбой за народ и за свободу бизнеса" и сказал, что гордится тем, что принял "участие в завершении великого предприятия...". Закон о Федеральной резервной системе, объясненный Вильсоном как "реконструкция банковской и денежной системы страны", был поспешно принят под наплывом пропаганды из Веллингтонского дома, как раз вовремя для военных действий, которые развязали ужас Первой мировой войны.

Большинство историков сходятся во мнении, что без принятия закона о Федеральном резервном банке лорд Грей не смог бы развязать этот страшный пожар.

Обманчивый язык Закона о Федеральном резерве был разработан под руководством Бернайса и Липпмана, которые создали "Национальную лигу граждан" с печально известным Сэмюэлем Унтермайером в качестве ее президента для продвижения Федерального резервного банка, который получил контроль над деньгами и валютой народа и передал их частной монополии без согласия жертвы.

Одним из наиболее интересных исторических элементов,

связанных с введением меры по иностранному финансовому рабству, является то, что перед тем, как она была отправлена на подпись Вильсону, ее копия была передана зловещему полковнику Эдварду Мандел Хаусу как представителю Веллингтон Хауса и британской олигархии, представленной банкиром Дж. П. Морганом, который сам был агентом Ротшильдов из Лондона и Парижа.

Что касается американского народа, во имя которого была введена эта катастрофическая мера, то он даже не подозревает, как его обманули и полностью обманули. Орудие рабства было привязано к их шеям, и жертвы даже не подозревали об этом.

Методология Дома Веллингтона достигла своего пика, когда Вильсона тренировали, как убедить Конгресс объявить войну Германии, несмотря на то, что он был избран на торжественном обещании не втягивать Америку в войну, бушевавшую тогда в Европе, что стало большим триумфом нового искусства формирования общественного мнения. В том-то и дело, что вопросы опроса были нюансированы таким образом, что ответы отражали мнения населения, а не его понимание проблем или процессов политологии.

Обширные исследования и чтение записей Конгресса с 1910 по 1920 год, проведенные этим автором, убедительно показывают, что если бы Вильсон не подписал беззаконный законопроект о "валютной реформе" 23 декабря 1913 года, тайное параллельное правительство, контролирующее Соединенные Штаты, предсказанное Уэллсом, не смогло бы направить огромные ресурсы Соединенных Штатов на войну в Европе.

Дом Морганов, представляющий "олимпийцев" из Комитета 300, и его всемогущая финансовая сеть в лондонском Сити сыграли ведущую роль в создании "Федеральных резервных банков США", которые не были ни "федеральными", ни "банками", а частной монополией по производству денег, завязанной на шее американского народа, чьи деньги теперь можно было свободно красть в невообразимых масштабах, делая их рабами Нового мирового порядка в будущем Едином мировом правительстве. Великая депрессия 1930-х годов стала вторым крупным катастрофическим счетом, который пришлось оплатить американскому народу, первым была Первая мировая война. (См. Приложение)

Те, кто читает эту книгу в качестве первого знакомства с Новым мировым порядком в рамках единого мирового правительства, будут настроены скептически; но учтите, что такая важная фигура, как великий сэр Гарольд Макиндер, не скрывал своей веры в его наступление.

Более того, он предположил, что это может быть диктатура. Сэр Гарольд имел впечатляющее резюме: он был профессором географии в Лондонском университете, директором Лондонской школы экономики с 1903 по 1908 год и членом парламента с 1910 по 1922 год. Он также был близким соратником Арнольда Тойнби, одной из ведущих фигур в Веллингтон Хаус. Он правильно предсказал целый ряд поразительных геополитических событий, многие из которых сбылись.

Одним из таких "пророчеств" было основание двух Германий - Социал-демократической Республики Германии и Федеративной Республики Германии. Критики предполагают, что он получил эту информацию от Тойнби; что это было просто долгосрочное планирование Комитета 300, о котором знал Тойнби.

После Веллингтон Хаус Тойнби перешел в Королевский институт международных отношений (RIIA), а затем в Лондонский университет, где занимал кафедру международной истории. В своей книге "*Америка и мировая революция"* он утверждает

> "Если мы хотим избежать коллективного самоубийства, нам нужно быстро создать наше мировое государство, а это, вероятно, означает, что для начала оно должно быть в недемократической форме. Нам придется начать строить мировое государство сейчас, в той лучшей модели, которую мы можем в данный момент".

Далее Тойнби говорит, что эта "глобальная диктатура" должна будет вытеснить "местные национальные государства, которыми усеяна нынешняя геополитическая карта".

Новое мировое государство должно было быть создано на основе массового контроля сознания и пропаганды, которая сделала бы его приемлемым. Я объяснил в своей книге *"Комитет 300"*,[1] , что Бернейс "осудил" опросы в своих книгах 1923 и 1928 годов "*Пропаганда*" и "*Кристаллизация общественного мнения*".

Затем последовало согласие инженеров:

> Самосохранение, честолюбие, гордость, голод, любовь к семье и детям, патриотизм, подражание, желание быть лидером, любовь к игре - эти и другие мотивы являются психологическим сырьем, которое каждый лидер должен учитывать в своих усилиях по привлечению общественности к своей точке зрения... Чтобы сохранить уверенность, большинство людей должны быть уверены в том, что все, во что они верят, является правдой.

Эти разоблачительные работы обсуждаются, и следует добавить, что при их написании тавистокская иерархия, очевидно, чувствовала себя достаточно уверенно, чтобы позлорадствовать по поводу достигнутого контроля над Соединенными Штатами и Великобританией, который превратился в открытый заговор в терминах, впервые предложенных Уэллсом.

С появлением Дома Веллингтона, финансируемого британской монархией, а затем Рокфеллером, Ротшильдом и США, западная цивилизация вступила в первую фазу плана, предусматривающего создание тайного правительства для управления миром, а именно Комитета 300.

Тавистокский институт человеческих отношений является результатом этого. Поскольку эта книга не посвящена

---

[1] Опубликовано компанией Omnia Veritas Limited.

"Комитету 300", мы предлагаем читателям приобрести копии первой и второй книг "*Комитета 300*".[2]

Тщательно выстроенный план "300" был выполнен до мелочей, и сегодня, когда мы подходим к концу 2005 года, хорошо информированным людям не составляет труда проследить ход развития западной цивилизации и отметить ее продвижение к тому месту, где мы находимся сегодня. По крайней мере, эта книга - попытка сделать это.

---

[2] *Иерархия заговорщиков, история Комитета 300*, Omnia Veritas Ltd, www.omnia-veritas.com.

# ГЛАВА 1

## Основание первого в мире института промывания мозгов

Из своего скромного, но жизненно важного начала в Веллингтон Хаус, Тавистокский институт человеческих отношений быстро вырос и стал первым в мире сверхсекретным институтом "промывания мозгов". Стоит объяснить, как был достигнут такой быстрый прогресс.

Современная наука о массовом манипулировании общественным мнением зародилась в Веллингтон Хаус в Лондоне под руководством лорда Нортклиффа и лорда Ротмира.

За финансирование предприятия отвечали британская монархия, лорд Ротшильд и Рокфеллеры. Документы, которые мы имели честь изучить, показывают, что целью тех, кто работал в Wellington House, было изменить мнение британского народа, который был категорически против войны с Германией, и эта сложная задача была решена путем "формирования мнения" с помощью опросов. В команду входили Арнольд Тойнби, впоследствии директор по исследованиям Королевского института международных отношений (RIIA), лорд Норхклифф и американцы Уолтер Липпманн и Эдвард Бернейс.

Бернейс родился в Вене 22 ноября 1891 года. Племянник Зигмунда Фрейда, отца психоанализа, он считается многими "отцом связей с общественностью", хотя этот титул принадлежит Вилли Мюнценбергу. Бернейс стал пионером в использовании психологии и других социальных наук для формирования общественного мнения, чтобы люди считали эти сфабрикованные мнения своими собственными.

"Если мы поймем механизм и мотивы группового разума, то теперь можно будет контролировать и управлять массами в соответствии с нашей волей без их ведома", - постулировал Бернейс. Он назвал эту технику "инженерией согласия". Одним из наиболее известных приемов достижения этой цели было косвенное использование так называемых сторонних авторитетов для формирования желаемых мнений: "Если вы можете влиять на лидеров, с их сознательным сотрудничеством или без него, вы автоматически влияете на группу, на которую они влияют. Он назвал эту технику "составлением мнения".

Возможно, теперь мы начнем понимать, как Вильсон, Рузвельт, Клинтон, Буш-старший и Буш-младший смогли так легко втянуть США в катастрофические войны, в которых их народ никогда не должен был участвовать.

Британские и американские участники сосредоточились на неопробованных методах мобилизации поддержки войны, которая маячила на горизонте.

Как уже упоминалось ранее, британский народ не хотел войны и говорил об этом, но Тойнби, Липпманн и Бернейс намеревались изменить это, применяя методы, разработанные для манипулирования общественным мнением с помощью опросов. Здесь мы рассмотрим методы, которые были разработаны и применены для втягивания Великобритании и США в Первую мировую войну, а также методы, которые применялись на практике в период между двумя мировыми войнами и после них. Как мы увидим, пропаганда должна была сыграть важную роль.

Одной из главных целей Тавистока было добиться деградации женщин. Тависток признавал, что Иисус Христос отвел женщине новое и достойное место в цивилизации, которого не было до его прихода.

После служения Христа женщины обрели уважение и высокое место в обществе, которого не было в дохристианских цивилизациях. Конечно, можно утверждать, что такой высокий статус существовал в греческой и римской империях, и это в определенной степени будет правдой, но все же это слишком далеко от того статуса, в котором оказались женщины в постхристианском обществе.

Тависток стремился изменить ситуацию, и этот процесс начался сразу после Первой мировой войны. Восточная православная церковь, которую московские князья-русы (варяги) привезли из Константинополя, почитала и уважала женственность, а их опыт борьбы с хазарами, которых они позже победили и изгнали из России, заставил их решительно защищать женственность на Руси.

Основатель династии Романовых Михаил Романов был потомком знатного рода, отстоявшего Россию как христианскую страну. Начиная с 1613 года, Романовы стремились облагородить Россию и пропитать ее великим духом христианства, что также означало защиту и почет русских женщин.

Московские дворяне под руководством князя Димитрия Донского заслужили неослабевающую ненависть Ротшильдов к России благодаря разгрому и изгнанию Донским хазарских орд, населявших нижние регионы Волги. Этот варварский воинственный народ, загадочного индо-тюркского происхождения, принял иудейскую религию по указу царя Буланта после того, как эта религия была одобрена великим хазарским прорицателем-магом-чародеем Давидом эль-Роем.

Именно личный флаг Эль Роя, который сейчас называется "Звезда Давида", стал официальным флагом хазарской нации, когда она обосновалась в Польше после изгнания из России.

Позже этот флаг был принят сионистами в качестве своего штандарта и до сих пор ошибочно называется Звездой

Давида. Христиане совершают ошибку, путая его с ветхозаветным царем Давидом, хотя на самом деле между ними нет никакой связи.

Ненависть к России усилилась в 1612 году, когда династия Романовых направила российскую армию против Польши, захватив значительную часть Польши, которая когда-то принадлежала России.

Главным архитектором вражды к России была династия Ротшильдов, и именно эту жгучую ненависть Тависток использовал и направил в свой план по уничтожению западной цивилизации.

Первая возможность представилась Тавистоку в 1905 году, когда японский флот атаковал и полностью удивил российский флот. Военные учения финансировались Джейкобом Шиффом, банкиром с Уолл-стрит, который был связан с Ротшильдом.

Поражение русского флота в Порт-Артуре в результате внезапной атаки ознаменовало начало мрака, который должен был опуститься на христианскую Европу. Рокфеллеровская группа Standard Oil, возглавляемая Тавистоком и с помощью "300", организовала русско-японскую войну. Деньги, использованные для финансирования операции, поступили от Якоба Шиффа, но на самом деле были предоставлены Рокфеллеровским советом по общему образованию, заявленной целью которого было финансирование образования чернокожих. Все пропагандистские и рекламные материалы Совета были написаны и разработаны социологами из Тавистока, который тогда назывался Веллингтон Хаус.

В 1941 году другая подставная организация Рокфеллера, Институт тихоокеанских отношений (IPR), выплатила крупные суммы своему японскому коллеге в Токио. Затем эти деньги были переданы Рихардом Зорге, российским разведчиком, одному из членов императорской семьи, чтобы склонить Японию к нападению на США в Перл-Харборе. Опять же, Тависток был источником всех публикаций IPR.

Хотя это еще не очевидно, как отметил Шпенглер в своем монументальном труде, опубликованном в 1936 году, это знаменует начало конца старого порядка. Вопреки большинству исторических свидетельств истеблишмента, "русская" революция вовсе не была русской революцией, а иностранной идеологией, поддерживаемой в основном Комитетом 300 и его вооруженным крылом, Тавистокским институтом, которая была насильственно навязана удивленной, неподготовленной и потрясенной семье Романовых.

Это была политическая война, война на низком уровне и психологическая война, в которой Тависток стал очень искусен.

Как заметил Уинстон Черчилль: "Они везли Ленина в герметичном грузовике, как чумную бациллу, из Швейцарии в Россию", а затем, когда все было готово, "Ленин и Троцкий взяли Россию за волосы".

Многое было написано (но почти всегда вскользь, как будто это просто постскриптум к истории) о "вагоне со свинцом", "пломбированном вагоне", "пломбированном поезде", который провез Ленина и его большевистских революционеров через разоренную войной Европу и доставил их в Россию, где они начали свою импортную большевистскую революцию, ошибочно называемую "русской революцией".

Документы, которые автор имел честь изучать в Веллингтон Хаус, и то, что было обнаружено в бумагах Арнольда Тойнби и частных бумагах Брюса Локхарта, привели к выводу, что без Тойнби, Брюса Локхарта из британской секретной службы МИ-6 и соучастия по крайней мере пяти европейских государств, якобы лояльных и дружественных петербургскому двору, безжалостная большевистская революция не состоялась бы.

Поскольку этот рассказ должен быть ограничен участием Тавистока в этом деле, он не будет таким полным, как нам хотелось бы. Согласно личным документам Милнера, его помощники через Тависток связались с социалистом Фрицем Платтеном (Милнер был ведущим фабианским социалистом, хотя и презирал Сиднея и Беатрис Вебб). Именно Платтен спланировал логистику поездки и контролировал ее до прибытия революционеров в Петроград.

Это было подтверждено и подтверждено архивами Гийомештрассе, с большинством из которых мы смогли ознакомиться, поскольку эти файлы открыты для определенных людей, имеющих право на их изучение. Они вполне согласуются с рассказом Брюса Локхарта в его личных бумагах и с тем, что лорд Альфред Милнер говорил о коварной интриге, предавшей Россию. Оказывается, у Мильнера было много контактов среди большевистских эмигрантов, включая Ленина. Именно к лорду Мильнеру обратился Ленин, когда ему понадобились деньги на революцию. Вооружившись рекомендательным письмом от Платтена, Ленин встретился с лордом Милнером и изложил свой план свержения Романовых и христианской России.

Милнер согласился при условии, что он сможет послать своего агента МИ-6 Брюса Локхарта для наблюдения за текущими делами и составления отчетов о Ленине.

Лорд Ротшильд и Рокфеллеры потребовали разрешения послать Сиднея Рейли в Россию для контроля за переводом российских природных ресурсов и золотых рублей, хранящихся в Центральном банке, в Лондон. Ленин, а затем и Троцкий согласились.

Чтобы скрепить сделку, лорд Мильнер от имени Ротшильдов передал Ленину 60 миллионов фунтов стерлингов в золотых суверенах, а Рокфеллеры внесли около 40 миллионов долларов.

Странами, замешанными в деле "свинцового вагона", были Великобритания, Германия, Финляндия, Швейцария и Швеция. Хотя Соединенные Штаты не были непосредственно вовлечены в этот процесс, они должны были знать о происходящем. В конце концов, по приказу президента Вильсона Леону Троцкому (настоящее имя которого было Лев Бронштейн) был выдан совершенно новый американский паспорт, чтобы он мог спокойно путешествовать, хотя Троцкий не был американским гражданином.

У Ленина и его соотечественников был хорошо оборудованный частный вагон, предоставленный высокопоставленными чиновниками германского правительства и всегда закрытый на замок по договоренности со станциями вдоль линии. Платтен был главным и установил правила путешествия, некоторые из которых записаны в файлах Гийомештрассе:

- Машина должна была оставаться закрытой на протяжении всей поездки.
- Никто не мог войти в машину без разрешения Платтена.
- Поезд будет иметь дополнительный территориальный статус. На границах не должны были требовать паспорта.
- Билеты будут приобретаться по обычной цене.
- Армия или полиция страны, находящейся в пути следования, не должна высказывать "опасения по поводу безопасности".

Согласно досье Гийомштрассе, поездка была санкционирована и одобрена генералом Людендорфом и кайзером Вильгельмом. Людендорф дошел до того, что заявил, что если Швеция откажется пропустить большевиков, он гарантирует им проход в Россию через немецкие границы! Оказалось, что шведское правительство не возражало, как и финское.

Одним из видных революционеров, присоединившихся к поезду по прибытии на границу Германии со Швейцарией, был Радек, которому предстояло сыграть ведущую роль в кровавой большевистской революции. Были и более светлые моменты. В "Досье Гийомештрассе" описывается, как вагон пропустил свой локомотив во Франкфурте, в результате чего он проехал туда и обратно около 8 часов.

Партия покинула комфорт своего вагона в немецком балтийском городе Засниц, где правительство Германии предоставило им "достойное жилье". Шведское правительство любезно предложило им паромный транспорт до Мальме, откуда они отплыли в Стокгольм, где большевистскую партию ждало "хорошее" жилье для ночной стоянки, после чего они направились к финской границе.

Именно здесь неустрашимый Платтен покинул группу в приподнятом настроении, и последняя поездка в Россию состоялась на поезде в Петроград. Таким образом, эпическое путешествие, начавшееся в Цюрихе, Швейцария, закончилось в Петрограде. Ленин приехал туда, и Россия вот-вот должна была рухнуть. И все это время Бернейс, Липпманн и их помощники в Веллингтон Хаус (Тависток) поддерживали постоянный поток пропаганды промывания мозгов, которая, можно с уверенностью заключить, одурачила большую часть мира.

# ГЛАВА 2

## Европа падает с обрыва

После Первой мировой войны и окончания большевистской революции Европа была вынуждена измениться в соответствии с планом Тавистока. Когда, благодаря спровоцированной британцами Первой мировой войне, Европа сорвалась с обрыва к концу света, или, возможно, правильнее было бы сказать, что она тащилась, как зомби, пока последние представители ее ушедшего прошлого не исчезли во мраке бездны, вынужденные изменения стали очень очевидными.

Это не книга о Первой мировой войне как таковой. О причинах и последствиях величайшей трагедии, когда-либо постигшей человечество, написаны сотни тысяч аналитических работ, и все же она не была рассмотрена должным образом и, вероятно, никогда не будет рассмотрена. Есть одна вещь, с которой согласны многие писатели - и я в том числе.

Война была начата Великобританией из чистой ненависти к быстрому превращению Германии в крупную экономическую державу, конкурирующую с Великобританией, и лорд Эдвард Грей был главным архитектором войны.

Тот факт, что он был непопулярен и не одобрялся значительным большинством британского народа, потребовал "особых мер", нового министерства для решения этой проблемы. По сути, именно для этого и был создан Wellington House.

Из такого скромного начала в 2005 году он превратился в гаргантюанский Тавистокский институт человеческих отношений - главное в мире учреждение по промыванию мозгов с самым зловещим оккультным влиянием. По мнению ряда членов Сената США, с которыми консультировались при подготовке этой книги, но которые просили не называть их имен, им придется противостоять и победить, если Соединенные Штаты хотят выжить как конституционная республика с гарантированной республиканской формой правления во всех 50 штатах.

Последствия Первой мировой войны и неудачные попытки создать Лигу Наций только увеличили разрыв между старой западной цивилизацией и новой. Экономическая катастрофа послевоенной Германии висела над западной культурой, как дым от погребального костра, усиливая мрачную, печальную и пугающую атмосферу, которая началась в 1920-х годах.

Историки сходятся во мнении, что все воюющие стороны в той или иной степени пострадали от экономического разорения, хотя Россию в какой-то степени пощадили, но она была разрушена большевиками, в то время как Германия и Австрия пострадали больше всех. В 1920-е годы в Европе (к которой я отношу и Британию) и в Соединенных Штатах царило странное принудительное веселье. Это объяснялось "мятежной молодежью" и тем, что люди в целом были "сыты по горло войной и политикой". На самом деле, люди реагировали на дальнее проникновение и внутреннюю обусловленность тавистокских мастеров.

В период между окончанием Первой мировой войны и 1935 годом они были потрясены не меньше, чем солдаты, пережившие ад окопов, где вокруг них летали пули и снаряды, только теперь их чувства были оцепенены экономическими пулями и снарядами и огромными изменениями в общественных нравах.

Но конечный результат "лечения" был одинаковым. Люди бросили благоразумие на произвол судьбы, и моральное гниение, начавшееся в 1918 году, продолжается и растет. В этом состоянии принудительного веселья никто не предвидел мирового экономического краха и последующей глобальной депрессии.

Большинство историков согласны с тем, что это было искусственно, и нас заставляют поверить, что Тависток сыграл свою роль в лихорадочных рекламных кампаниях различных фракций в этот период. В поддержку нашего утверждения о том, что крах и депрессия были искусственными событиями. Смотрите Приложение событий.

Шпенглер предсказал, что должно произойти, и оказалось, что его предсказания были удивительно точными. Декадентское общество" и "свободные женщины", характеризующиеся "сорванцом" и теневыми мужчинами, требовали и добились снижения женской скромности, что привело к более высоким подолам, прическам и чрезмерному макияжу, курению и употреблению алкоголя на публике. По мере того, как деньги становились все более труднодоступными, а очереди в столовую и безработица все длиннее, юбки все короче, а произведения Синклера Льюиса, Ф. Скотта Фицджеральда, Джеймса Джойса и Д. Х. Лоуренса вызывали изумление, новейшие бродвейские шоу и выступления в ночных клубах раскрывали как никогда ранее скрытые женские прелести и выставляли их на всеобщее обозрение.

В 1919 году модельеры отметили в журнале *New Yorker*, что "в этом году подолы на шесть дюймов от земли и очень смелые".

# ГЛАВА 3

## Как изменились "времена

Но это было только начало. В 1935 году, с приходом Гитлера к власти, гарантированным невыполнимыми условиями, навязанными Германии в Версале, подолы также поднялись до головокружительных высот у колен, за исключением Германии, где Гитлер требовал от немецких женщин скромности и получил ее, а также здоровое уважение, что не соответствовало программе Тавистока.

Люди, которые задумываются, говорят, что им не нравится, как "меняются времена", но они не знают и не могут знать, что времена меняются в соответствии с тщательно разработанной формулой Тавистока. Повсюду в Европе и Америке продолжается восстание, распространяется лихорадка "эмансипации".

В Соединенных Штатах путь к этому проложили кумиры немого кино, но это не то же самое, что в Европе, где потакают всем "удовольствиям", включая гомосексуализм, который долгое время был скрыт в тени и никогда не упоминался в хорошем обществе.

Гомосексуализм появился вместе с лесбиянством, чтобы вызвать отвращение и, похоже, намеренно оскорбить тех, кто все еще привязан к старому порядку.

Изучение этого отклонения показало, что гомосексуализм и лесбиянство распространились не из-за внутренних или скрытых желаний, а чтобы "шокировать" старый истеблишмент и его жесткие кодексы доброй морали.

Музыка тоже пострадала и трансформировалась в джаз и другие "декадентские" формы.

Сейчас Тависток находился на самой решающей стадии разработки своего плана, который призывал свести женственность к уровню морали и поведения, не имеющему аналогов в истории. Народы находились в состоянии оцепенения, "шокированные" радикальными изменениями, навязанными им, которые казались неостановимыми, в которых полное отсутствие женской скромности отражалось в усвоенных поведенческих установках, по сравнению с которыми 1920-е и 1930-е годы выглядели как съезд учителей воскресной школы. Ничто не могло остановить "сексуальную революцию", охватившую мир в то время, и сопровождавшую ее планомерную деградацию женственности.

Некоторые голоса были услышаны, в частности, голоса Г.К. Честертона и Освальда Шпенглера, но этого было недостаточно, чтобы противостоять натиску Тавистокского института, который фактически "объявил войну западной цивилизации". Эффекты "дальнего проникновения и внутреннего направленного кондиционирования" видны повсюду. Моральное, духовное, расовое, экономическое, культурное и интеллектуальное банкротство, в котором мы оказались сегодня, не является социальным явлением или результатом чего-то абстрактного или социологического, что просто "случилось". Скорее, это результат тщательно спланированной тавистокской программы.

То, что мы видим, не случайно и не является отклонением в истории. Скорее, это конечный продукт сознательно вызванного социального и морального кризиса, проявляющегося повсюду и в таких фигурах, как Мик Джаггер, Опра Уинфри, Бритни Спирс, "реалити" телешоу, "музыка", которая кажется амальгамой всех первобытных инстинктов, Fox News (Faux News), почти порнографические фильмы в обычных кинотеатрах, реклама, в которой скромность и приличия выброшены за окно, громкое и грубое поведение в общественных местах, особенно в американских ресторанах; Кэти Курик и многие другие, занимающие видное положение в обществе.

Все эти люди были обучены говорить резким, монотонным, скрипучим голосом, без какой-либо каденции, как будто они говорят через сжатые челюсти, резким, пронзительным и неприятным для ушей. Если раньше дикторами и "ведущими" всегда были мужчины, то теперь на местах вдруг оказалось всего десяток мужчин.

Мы видим это на примере "звезд" киноиндустрии, которые производят фильмы все более низкого культурного уровня. Мы видим это также в прославлении межрасовых браков, разводов по требованию, абортов и вопиющего гомосексуального и лесбийского поведения, в утрате религиозных убеждений и семейной жизни западной цивилизации. Такие "звезды", как Эллен ДеДженерес, не обладающие абсолютно никаким талантом или культурной ценностью, служат примером для подражания впечатлительным молодым девушкам, которые все чаще выставляют напоказ до 75% своего тела. Мы видим это в массовом росте наркомании и всевозможных социальных недугов, таких как принятие в Канаде "закона", делающего "браки" геев и лесбиянок законными под прикрытием "гражданских прав".

Мы видим это в широко распространенной коррупции политической системы и в конституционном хаосе, когда Палата представителей и Сенат допускают вопиющие нарушения высшего закона страны на каждом уровне власти, и нигде так, как в исполнительной власти, где каждый президент со времен Рузвельта присваивал себе полномочия, которыми действующий президент не должен обладать. Мы видим это в незаконном принятии президентом решений об объявлении войн, когда такие прерогативы прямо запрещены исполнительной власти Конституцией США.

Мы видим это в новом измерении конституционного

неповиновения, которое пополняет уродливый список "законов", не санкционированных Конституцией, одним из самых последних и шокирующих является вопиющее превышение полномочий Верховного суда США, которое нарушило права штатов и избрало Джорджа Буша-младшего президентом. Это один из самых жестоких ударов по Конституции и самое вопиющее нарушение 10 поправки к Конституции США в истории этой страны. Однако американский народ настолько ошеломлен и шокирован, что не было высказано ни одного протеста, не было проведено ни одной массовой демонстрации, не прозвучало ни одного призыва привести Верховный суд в чувство. В этом инциденте сила "дальнего проникновения и внутренней направленной обусловленности" Тавистока оказалась огромным триумфом.

Нет, состояние распада нашей Республики, в котором мы оказались в 2005 году, не является результатом эволюции; скорее, это конечный продукт тщательно спланированного проекта социальной инженерии по промыванию мозгов огромных масштабов. Истина отражается в предсмертных муках того, что когда-то было величайшей нацией на Земле.

Хорошо работает литература по физиологическому обусловливанию, написанная социологами из Тавистока. Ваша реакция запрограммирована. Вы не сможете думать по-другому, если не приложите к этому максимальных усилий.

Вы также не сможете предпринять шаги, чтобы освободиться от этого состояния, если не сможете сначала определить врага и его план по распаду Соединенных Штатов и Европы в частности и западного мира в целом. Этот враг называется Тавистокский институт человеческих отношений, и он воюет с западной цивилизацией с первых дней своего существования, до того, как обрел форму и содержание в Веллингтон Хаус и превратился в свои нынешние помещения в Сассекском университете и Тавистокской клинике в Лондоне. До того, как я разоблачил это учреждение в 1969 году, оно было неизвестно в Соединенных Штатах. Это, несомненно, первое в мире учреждение социальной инженерии, промывающее мозги.

Мы рассмотрим, чего она достигла в начале своего существования в Англии до Первой мировой войны, а затем в период до и после Второй мировой войны, вплоть до наших дней. Во время Второй мировой войны Тавистокский институт располагался в подразделении физиологической войны британской армии. Мы уже рассказывали о его истории в годы становления в Веллингтон Хаус, а теперь обратимся к его деятельности до и после Второй мировой войны.

# ГЛАВА 4

## Социальная инженерия и социологи

Доктор Курт Левин был главным теоретиком, специализирующимся на преподавании и применении топологической психологии, которая была и остается самым передовым методом модификации поведения. Льюину помогали генерал-майор Джон Ролингс Риз, Эрик Трист, У. Р. Бион, Г. В. Дикс и несколько "великих" специалистов по промыванию мозгов и социальной инженерии, таких как Маргарет Мид и ее муж Грегори Бейтсон. Бернейс был главным консультантом до тех пор, пока Джордж Буш не занял Белый дом по решению Верховного суда. Мы не хотим быть слишком техничными, поэтому не будем вдаваться в подробности того, как они применяли социальную науку. Большинство людей примут общий термин "промывание мозгов" как исчерпывающее объяснение деятельности этой "матери всех мозговых центров".

Вы не удивитесь, узнав, что Льюин и его команда основали Стэнфордский исследовательский центр, Уортонскую школу экономики, Массачусетский технологический институт и Национальный институт психического здоровья, а также многие другие учреждения, которые принято считать "американскими". На протяжении многих лет федеральное правительство вносило миллионы и миллионы долларов в Тависток и его обширную сеть взаимосвязанных учреждений, в то время как корпоративная Америка и Уолл-стрит поддерживали эти средства.

Смеем утверждать, что без роста и поразительного

прогресса методов массового промывания мозгов, разработанных Тавистокским институтом, не было бы ни Второй мировой войны, ни одной из последующих войн, и уж тем более двух войн в Персидском заливе, вторая из которых все еще бушует в ноябре 2005 года.

К 2000 году в Америке не было практически ни одного аспекта жизни, до которого не дотянулись бы щупальца Тавистока, включая все уровни власти от местного до федерального, промышленность, торговлю, образование и политические институты страны. Каждый ментальный и психологический аспект нации был проанализирован, зафиксирован, профилирован и сохранен в компьютерных банках данных.

Возникло то, что Тависток называет "трехсистемной реакцией", и это способ, которым группы населения реагируют на стресс, возникающий в результате "придуманных ситуаций", которые становятся упражнениями по управлению кризисом. То, что мы имеем в США и Великобритании - это правительство, которое создает ситуацию, рассматриваемую гражданами как кризис, и правительство затем управляет этим "кризисом".

Нападение японцев на Перл-Харбор в декабре 1941 года является примером "искусственной ситуации". Нападение на Перл-Харбор было "сфабриковано", как объяснялось ранее, с передачей денег Рокфеллера Рихарду Зорге, шпиону, а затем члену императорской семьи, чтобы побудить Японию сделать первые выстрелы, чтобы у администрации Рузвельта был предлог для вступления Соединенных Штатов во Вторую мировую войну.

Экономическое удушение Японии со стороны Великобритании и США, которые в одностороннем порядке блокировали поток необходимого сырья на островную фабрику, которой является Япония, достигло той точки, когда было решено положить этому конец.

Тависток сыграл огромную роль в формировании массовой волны антияпонской пропаганды, которая привела США к войне в Европе через войну против Японии.

На Японию оказывалось невыносимое экономическое давление, и в то же время администрация Рузвельта отказывалась вести "переговоры" до тех пор, пока правительство Токио не увидело другого выхода, кроме нападения на Перл-Харбор. Рузвельт удобно поставил Тихоокеанский флот под угрозу, переместив его из порта приписки Сан-Диего в Перл-Харбор без веской или стратегической причины, тем самым поставив его прямо в зону досягаемости японского флота.

Другой пример более свежий: война в Персидском заливе, которая началась, когда раздались голоса о якобы имеющихся у Ирака запасах ядерного и химического оружия, так называемого "оружия массового поражения" (ОМП). Администрация Буша и правительство Блэра знали, что этот вопрос был "выдуманной ситуацией", не имеющей под собой никаких оснований или оснований; они знали, что этого оружия не существует. Имеются неоспоримые доказательства того, что программа вооружений Хусейна была отменена после войны в Персидском заливе 1991 года и благодаря сохранению жестоких санкций.

Короче говоря, два западных "лидера" попали в паутину лжи, но такова сила Комитета 300 и способность Тавистока промывать мозги, что они остались на своих постах, несмотря на то, что признано, что из-за их лжи погибло не менее миллиона иракцев и более 2000 американских военнослужащих, 25 999 были ранены (данные российской военной разведки ГРУ), 53% из которых были искалечены, а стоимость в денежном выражении превысила, по состоянию на октябрь 2005 года, $550 млрд.

Число погибших в Ираке равно общему числу погибших в двух войнах в Персидском заливе, большинство из которых были гражданскими лицами, умершими от недостатка пищи, чистой воды и медикаментов в результате преступных санкций, введенных британским и американским правительствами под прикрытием ООН.

Применив санкции против Ирака, ООН нарушила свой собственный устав и превратилась в парализованный институт, лишенный доверия.

В истории не существует параллели, когда человек, занимающий высший пост, был бы уличен во лжи и обмане, но при этом он смог остаться у власти, как будто ничто не запятнало его должность. Такое положение дел демонстрирует силу "долгосрочного проникновения и кондиционирования", применяемого Тавистокским институтом к американскому народу, что привело бы к тому, что он безропотно принял бы такую тупую и ужасную ситуацию, никогда не выходя на улицы в ярости.

Разве Генри Форд не говорил, что "народ заслуживает того правительства, которое он имеет"? Если народ ничего не делает для свержения этого правительства, что является правом американского народа в соответствии с Конституцией США, то он заслуживает того, чтобы лжецы и обманщики управляли его страной и его жизнью.

С другой стороны, американский народ, возможно, переживает одну из трех фаз того, что доктор Фред Эмери, бывший когда-то главным психиатром Тавистока, назвал "турбулентностью социальной среды". По словам Эмери:

> "Когда большие группы населения подвергаются условиям насильственных социальных изменений, стресса и турбулентности, у них проявляются следующие симптомы, которые можно разделить на четко определенные категории: Поверхностность - это состояние, возникающее, когда находящаяся под угрозой группа населения реагирует, принимая поверхностные лозунги, которые она пытается выдать за идеалы".

Происходит очень мало "вложений эго", что делает первую фазу "неадекватной реакцией", поскольку, как сказал Эмери, "причина кризиса не изолирована и не идентифицирована", а кризис и напряжение не спадают, а продолжаются до тех пор, пока контролер хочет, чтобы они длились. Вторая фаза реакции на кризис (поскольку кризис продолжается) - это "фрагментация", состояние, в котором начинается паника, "социальная сплоченность" разрушается, в результате чего образуются очень маленькие группы, которые пытаются защитить себя от кризиса без учета затрат или издержек для других маленьких фрагментированных групп. Эмери называет эту фазу "пассивной дезадаптацией", не выявляя при этом причину кризиса.

Третья фаза - когда жертвы отворачиваются от источника индуцированного кризиса и вызванного им напряжения. Они отправляются в "причудливые путешествия внутренней миграции, самоанализа и зацикленности на себе". Это то, что Тависток называет "диссоциацией и самореализацией". Эмери продолжает объяснять, что "пассивные дезадаптивные реакции теперь сочетаются с "активными дезадаптивными реакциями"".

Эмери говорит, что за последние 50 лет эксперименты по прикладной социальной психологии и вытекающее из них "управление кризисом" захватили все аспекты жизни в Америке, и что результаты хранятся в компьютерах крупных "мозговых центров", таких как Стэнфордский университет. Сценарии выпускаются, используются и пересматриваются время от времени, и, по словам Тавистока, "сценарии действуют в настоящее время".

Это означает, что Тависток профилировал и промыл мозги большинству американского народа. Если хоть какая-то часть американской общественности сможет определить причину кризисов, охвативших нашу нацию за последние семьдесят лет, структура социальной инженерии, построенная Тавистоком, рухнет. Но этого пока не произошло. Тависток продолжает топить американскую общественность в море созданного им общественного мнения.

Социальная инженерия, разработанная социологами Тавистока, использовалась в качестве оружия в обеих мировых войнах этого века, особенно в Первой мировой войне. Специалисты по опросам, разработавшие ее, были весьма откровенны: они используют на американском населении те же устройства и методы, которые применялись и испытывались на вражеском населении. Разработчики опроса были предельно откровенны: они используют на американском населении те же приборы и методы, которые применялись и испытывались на вражеском населении.

Сегодня манипулирование общественным мнением с помощью опросов стало центральным приемом в руках социальных инженеров и контролеров социальных наук, работающих в Тавистоке и его многочисленных "мозговых центрах", расположенных в США и Великобритании.

# ГЛАВА 5

## Есть ли у нас то, что Г. Г. Уэллс называл "невидимым правительством"?

Как я уже указывал, современная наука формирования общественного мнения с помощью передовых техник манипулирования массовым мнением зародилась на одной из самых передовых фабрик пропаганды на Западе, расположенной в Великобритании в Веллингтон Хаус. Это учреждение, посвященное социальной инженерии и формированию общественного мнения в начале Первой мировой войны, находилось под эгидой лордов Ротмира и Нортклиффа, а также будущего директора по исследованиям Королевского института международных отношений (RIIA) Арнольда Тойнби. В Wellington House была американская секция, самыми известными членами которой были Уолтер Липпманн и Эдвард Бернейс. Как мы позже узнали, Бернейс был племянником Зигмунда Фрейда, и этот факт тщательно скрывался от общественности.

Вместе они сосредоточились на методах "мобилизации" поддержки Первой мировой войны среди масс людей, выступавших против войны с Германией. Общественное мнение заключалось в том, что Германия была другом британского народа, а не врагом, и британский народ не видел необходимости воевать с Германией. В конце концов, разве не правда, что королева Виктория была двоюродной сестрой кайзера Вильгельма II? Тойнби, Липпманн и Бернейс пытались убедить их в необходимости войны, используя методы новой науки через новое искусство манипулирования массами через средства коммуникации, в пропагандистских целях, приправленных готовностью ко лжи, которая только начиналась, получив значительный опыт во время англо-бурской войны (1899-1902).

Не только британская общественность, чье восприятие событий необходимо изменить, но и неохотно идущая навстречу американская общественность.

С этой целью Бернейс и Липпманн сыграли важную роль в учреждении Вудро Вильсоном Комитета Крила, который создал первый набор методологических приемов для распространения успешной пропаганды и науки об опросах для получения "правильного" мнения.

С самого начала методы были разработаны таким образом, чтобы опрос (формирование общественного мнения) основывался на очевидной, но бросающейся в глаза особенности: он был связан с мнениями людей, а не с их пониманием научных и политических процессов. Таким образом, намеренно опросчики формируют по сути иррациональное мышление на первичном уровне общественного внимания. Это было сознательное решение подорвать понимание реальности массами людей во все более сложном индустриальном обществе.

Если вы когда-нибудь смотрели "Fox News", где зрителям предоставляют результаты опроса о том, "что думают американцы", а затем, в течение следующего часа, вы качали головой и задавались вопросом, что результаты опроса отражают ваши собственные мыслительные процессы, то вы не могли не почувствовать себя еще более озадаченным, чем когда-либо.

Ключ к пониманию Fox News и опроса может лежать в том, что Липпманн сказал об этих вопросах. В своей книге 1922 года "*Общественное мнение"* Липпманн описывает методологию психологической войны Тавистока.

Во вступительной главе под названием "Мир снаружи и

картины в наших головах"[3] Липпманн отмечает, что

> "Объектом изучения для социального аналитика общественного мнения является реальность, определяемая внутренним восприятием или образами этой реальности. Общественное мнение имеет дело с косвенными, невидимыми, запутанными фактами, и в них нет ничего очевидного. Ситуации, к которым относится общественное мнение, известны только как мнения.
>
> "Образы в головах этих человеческих существ, образы себя, других, своих потребностей, целей, отношений - это их общественное мнение. Эти образы, используемые группами людей или отдельными лицами, действующими от имени групп, представляют собой общественное мнение с большой буквы. Внутренний образ так часто вводит людей в заблуждение в их отношениях с внешним миром.

Исходя из этой оценки, легко сделать следующий решающий шаг, сделанный Бернейсом, а именно: элиты, управляющие обществом, могут мобилизовать ресурсы массовых коммуникаций для мобилизации и изменения сознания "стада".

Через год после выхода книги Липпмана Бернейс написал книгу "*Кристаллизация общественного мнения"*. За ней в 1928 году последовала книга под названием "Просто: *Пропаганда*.

В первой главе, "Организуя хаос", Бернейс пишет:

> Сознательное и умное манипулирование организацией, привычками и мнениями масс является важным элементом демократического общества. Те, кто манипулирует этим невидимым механизмом общества, составляют невидимое правительство, которое и является реальной правящей силой нашей страны.

Нами управляют, формируют наше сознание, наши вкусы, наши идеи, в основном люди, о которых мы никогда не слышали... Наши невидимые правители во многих случаях

[3] Внешний мир и образы в нашей голове. Ндт.

не знают о личности своих коллег по внутреннему кабинету.

Как бы кто ни относился к этому состоянию, факт остается фактом: почти в каждом действии нашей повседневной жизни, будь то в политике или бизнесе, в нашем социальном поведении или этическом мышлении, над нами доминирует относительно небольшое число людей - незначительная часть из наших миллионов - которые понимают ментальные процессы и социальные модели масс. Именно они дергают за ниточки, контролируют общественное сознание, используют старые социальные силы и изобретают новые способы связывать и направлять мир.

В книге *"Пропаганда"* Бернейс продолжает восхвалять "невидимое правительство" и описывает следующий этап развития методов пропаганды:

> По мере того, как цивилизация становилась все более сложной и необходимость в невидимом правительстве становилась все более очевидной, были изобретены и разработаны технические средства для управления мнением. Благодаря печатному станку и газете, телефону, телеграфу, радио и аэроплану идеи могут быстро и даже мгновенно распространяться по всей Америке.

В подтверждение своей точки зрения Бернейс ссылается на наставника "манипуляции общественным мнением" Г. Г. Уэллса. Он цитирует статью 1928 года в *"Нью-Йорк Таймс"*, в которой Уэллс хвалит "современные средства коммуникации" за то, что они "открыли новый мир политических процессов" и сделали возможным "документирование и поддержание общей цели" против извращений и предательства. Для Уэллса появление "массовой коммуникации" вплоть до телевидения означало открытие новых фантастических возможностей для социального контроля, превосходящих самые смелые мечты первых фанатиков массового манипулирования из британского Фабианского общества. Мы вернемся к этой жизненно важной теме позже в этой статье.

# ГЛАВА 6

## Массовая коммуникация открывает индустрию опросов

Для Бернейса признание идеи Уэллса обеспечило ему ключевую позицию в иерархии американских контролеров общественного мнения; в 1929 году он получил должность в компании CBS, которую только что купил Уильям Пейли.

Аналогичным образом, появление массовых коммуникаций породило индустрию опросов и выборок, чтобы организовать массовое восприятие для медиа-мафии (часть "невидимого правительства", которое управляет шоу из-за кулис).

В 1935-36 годах голосование было в самом разгаре. В том же году Элмо Ропер запустил свой журнал *Fortune с* опросами FOR, которые переросли в его колонку "О чем думают люди"[4] для газеты *New York Herald Tribune.*

Джордж Гэллап основал Американский институт общественного мнения; - в 1936 году он открыл Британский институт общественного мнения. Гэллапу предстояло развернуть свою деятельность в Принстонском университете, взаимодействуя с комплексным Управлением по изучению общественного мнения/Институтом международных социальных исследований/отделом психологии, возглавляемым Хэдли Кэнтрилом, которому было суждено сыграть все более важную роль в разработке

---

[4] "Что думают люди", Ndt.

методов психологического профилирования, использованных впоследствии для фабрикации Аквариумного заговора.

В тот же период, 1935-36 годы, на президентских выборах впервые стали использоваться опросы, которые проводились двумя газетами, принадлежащими семье Каулз, *Minneapolis Star-Tribune* и *Des Moines Register*. Каулы по-прежнему занимаются газетным бизнесом.

Базирующиеся в Спокане, штат Вашингтон, они активно формируют общественное мнение, и их поддержка войны Буша в Ираке была решающим фактором.

Неясно, кто ввел практику "советников президента" - людей, которые не избираются гражданами и которых граждане не могут контролировать, но которые решают вопросы внутренней и внешней внешней политики страны. Вудро Вильсон был первым американским президентом, который использовал эту практику.

## Опросы общественного мнения и Вторая мировая война

Это были небольшие приготовления к следующему этапу, который был вызван двумя важными пересекающимися событиями: прибытием в Айову эмигрантского эксперта по психологической войне Курта Левина и участием США во Второй мировой войне.

Вторая мировая война предоставила начинающим социологам из Тавистока огромное поле для экспериментов. Под руководством Льюина ключевые силы, которые будут развернуты после Второй мировой войны, будут использовать методы, разработанные для войны против населения США. Фактически, в 1946 году Тависток объявил войну гражданскому населению США и с тех пор находится в состоянии войны.

Основные концепции, сформулированные Левином, Уэллсом, Бернейсом и Липпманом, остались в качестве руководства по манипулированию общественным мнением; война дала социологам возможность применить их в высококонцентрированной форме и объединить под своим руководством большое количество учреждений для достижения целей своих экспериментов.

Центральным институтом, который занимался формированием "общественного мнения", был Национальный комитет морали. Созданная якобы для мобилизации поддержки войны, подобно тому, как президент Вильсон создал свой Комитет по управлению для "управления" Первой мировой войной, ее реальная цель заключалась в проведении интенсивного профилирования населения стран "оси" и Америки для создания и поддержания средств социального контроля.

Комитет возглавили несколько лидеров американского общества, в том числе Роберт П. Басс, Герберт Байард Своуп и другие известные личности. Его секретарем был муж Маргарет Мид, Грегори Бейтсон, один из главных инициаторов знаменитых экспериментов ЦРУ "MK-Ultra" с ЛСД, которые некоторые эксперты считают пусковым механизмом американской контркультуры наркотиков, рока и секса.

В совет комитета входили специалист по опросам Джордж Гэллап, сотрудник разведки Ладислас Фараго и психолог из Тавистока Гарднер Мерфи.

Комитет провел ряд специальных проектов, самым важным из которых было масштабное исследование о том, как лучше вести психологическую войну против Германии. Ключевыми людьми, сыгравшими важную роль в разработке проекта общественного мнения, были:

* Курт К. Левин, Образование и история; Психология; Общественные науки

* Профессор Гордон В. Олпорт, психология

* Профессор Эдвин Г. Борин, психология

* Профессор Хэдли Кэнтрил, психология

* Рональд Липпит, социальные науки

* Маргарет Мид, антропология, социальные науки; развитие молодежи и детей

Штат сотрудников включал более 100 исследователей и несколько учреждений, занимающихся составлением профилей общественного мнения, имеющих важное значение для проекта.

Одна из таких специальных проектных групп была создана в Управлении стратегических служб (OSS) (предшественник ЦРУ), в нее входили Маргарет Мид, Курт Левин, Рональд Липпит, Дорвин Картрайт, Джон К. Батлер и другие. Французские специалисты и специалисты по общественному мнению, такие как Самуэль Стауффер (впоследствии председатель группы социальных отношений лаборатории Гарвардского университета), Пол Лазарсфельд с факультета социологии Колумбийского университета, который вместе с профайлером Гарольдом Лассуэллом разработал методику "исследования общественного мнения" для ОСС, основанную на детальном "контент-анализе" местной прессы в странах противника, и Ренсис Лайкерт.

Лайкерт, незадолго до войны занимавший руководящий пост в страховой компании Prudential, усовершенствовал методы профилирования в качестве директора по исследованиям Ассоциации управления агентствами по страхованию жизни. Это позволило ему благоприятно взаимодействовать с руководителем расследования стратегических бомбардировок США, который был бывшим главой компании Prudential Life Insurance Company. С 1945 по 1946 год Лайкерт занимал должность директора отдела морали Стратегической бомбардировочной службы, что давало ему значительную свободу действий в составлении профилей и манипулировании массовым общественным мнением.

# ГЛАВА 7

## Формирование общественного мнения

Согласно архивам Тавистокского института, Стратегическая бомбардировочная служба сыграла ключевую роль в том, чтобы поставить Германию на колени благодаря высоко дисциплинированной программе систематических бомбардировок жилья немецких рабочих, которую с удовольствием выполнял сэр Артур Харрис из RAF.

Кроме того, с 1939 по 1945 год Лайкерт возглавлял отдел программных опросов Министерства сельского хозяйства, в котором проводились важные исследования по технике "массового убеждения". Или, говоря иначе, "заставить общественное мнение согласиться с желаемыми целями". Можно только предполагать, сколько граждан считали, что их поддержка военных действий "союзников" проистекает из их собственного мнения.

Одним из главных сотрудников Лайкерта в этом отделе был Дорвин Картрайт, протеже Левина и будущий агент Тавистока, который написал руководство "Некоторые принципы массового убеждения", используемое до сих пор.

Офис военной информации (OWI), возглавляемый Гарднером Каулзом на протяжении большей части военных действий, был еще одним важным агентством по формированию общественного мнения. Бернейс был привлечен в OWI в качестве советника. Именно на основе описанных здесь связей после Второй мировой войны возникла сеть крупных "институтов опроса". С тех пор они играют мощную и решающую роль в жизни Америки.

Gallup, вышедший из совета директоров Национального комитета морали, активизировал свою деятельность и стал главным командиром опросных учреждений для запуска новой политики Комитета 300, которую он выдавал за "результаты опросов".

После войны Бернейс сыграл несколько ключевых ролей. В 1953 году он написал для Государственного департамента документ, в котором рекомендовал создать государственное управление психологической войны. В 1954 году он стал консультантом ВВС США - рода войск, на который больше всего повлияли люди, занимавшиеся стратегическим бомбометанием.

В начале 1950-х годов Бернейс был советником по связям с общественностью корпорации United Fruit (United Brands), одной из крупнейших компаний в аппарате национальной безопасности/коммуникаций (военно-промышленный комплекс Эйзенхауэра), который в то время был занят укреплением своей власти над американской политикой.

Бернейс возглавил пропагандистскую кампанию, утверждавшую, что Гватемала попадает под "коммунистический контроль", что привело к организованному США перевороту в этой стране. В 1955 году Бернейс написал книгу о своем опыте под названием "*Инженерия согласия*".[5]

Эта книга стала виртуальным тавистокским планом, которому следует правительство США для свержения любой страны, чья политика неприемлема для социалистической диктатуры единого мирового правительства.

На протяжении всего послевоенного периода Бернейс был членом Общества прикладной антропологии, одного из институтов социального контроля Маргарет Мид в США, и Общества психологического изучения социальных проблем,

[5] *Производство согласия*, Ndt.

группы, созданной основателем Тавистока Джоном Роулингсом Ризом для проведения "психиатрических шоковых войск" среди американского населения.

Одним из первых ее действий стало уничтожение гомосексуализма во Флориде, против чего горячо возражала Анита Брайант, не представлявшая, с чем она столкнулась.

Вторым его действием было введение темы о том, что небелые более интеллектуальны, чем белые, о чем мы поговорим позже.

Лайкерт перешел в Мичиганский университет для создания Института социальных исследований (ISR), который поглотил Массачусетский центр изучения групповой динамики, главный филиал Тавистока в США в начале послевоенного периода.

Тавистокский ИСР был центром ряда подгрупп критического профилирования и "исследования мнений", включая Центр исследований в области использования научных знаний, основанный Рональдом Липпиттом, сотрудником Лайкерта в ОСС и учеником Левина.

Директор проекта, Дональд Майкл, был ведущей фигурой Римского клуба, а вторая подгруппа, Центр исследования опросов, была личной разработкой Лайкерта, которая превратилась в наиболее продуманное учреждение в США для "зондирования" (создания) популярных установок и тенденций, главными из которых были унижение и деградация женственности и акцент на превосходных интеллектуальных способностях небелых в соответствии с тщательно разработанными сценариями Льюина.

Роберт Хатчинс стал знаменитым в это время, а его ближайшим коллегой в те ранние годы был Уильям Бентон, основатель в 1929 году вместе с Честером Боулзом знаменитой рекламной компании Benton and Bowles. Бентон и Боулз использовали его как средство для развития науки управления массами с помощью рекламы.

Именно новаторская работа Бентона, поддержанная

Дугласом Кейтером, привела к развитию зарождающегося контроля Тавистока над политикой СМИ США через Аспенский институт в Колорадо, американскую штаб-квартиру Комитета 300 Единого мирового социалистического правительства.

Я вскользь упомяну, что наука о контроле СМИ через рекламу сейчас настолько прочно утвердилась, что стала ключевым компонентом формирования общественного мнения. В начале послевоенного периода Голливуд включил его почти во все свои фильмы.

Реклама (промывание мозгов) осуществлялась через тип и марку автомобиля, на котором ездил герой, марку сигарет, которые курил обходительный Лоуренс Харви, одежду и грим, которые носила звезда, одежду, которая с годами становилась все более смелой, до сих пор, в 2005 году, женственность была унижена почти обнаженной грудью Бритни Спир и голым средним животом, который она часто надевает в узких джинсах, а также моралью, которую так любит попирать Голливуд.

# ГЛАВА 8

## Деградация женщин и падение моральных норм

Скорость деградации женственности значительно ускорилась с тех пор, как юбки достигли колена. Это очевидно в таких областях, как почти порнография в основных фильмах и сериалах, и мы смеем предположить, что не за горами тот день, когда такие сцены станут "тотальными и обязательными".

Этот упадок привлекательного женского дискурса можно отнести на счет методологии Тавистока и его практиков, Кэнтрила, Лайкерта и Левина. Другим заметным изменением стало увеличение количества фильмов, показывающих межрасовые встречи и секс, в сочетании с заявлениями о "правах человека" для лесбиянок в самой открытой форме.

Для этого были отобраны и обучены специальные люди, наиболее известной из которых является Эллен Дедженерес, получившая сотни тысяч долларов на бесплатную рекламу под видом интервью на ток-шоу и в "дискуссионных" группах на тему "однополой любви", то есть встреч между двумя женщинами, включающих некоторые виды сексуальной практики.

Бентон, пионер унижения женственности, был наставником ведущего социолога Тавистока по теории профайлинга Гарольда Лассуэлла, который вместе с Бентоном основал в 1940 году Американскую политическую комиссию. Совместное предприятие Лассуэлла с Бентоном ознаменовало собой самую четкую связь между тайными операциями Аспенского мирового социалистического правительства в Америке и Тавистокским институтом. Аспен стал штаб-квартирой Комитета из 300 филиалов в США.

Хедли Кэнтрил, Лайкерт и Левин, с их методологией, примененной к гуманистической психологии и промыванию мозгов, играли все более важную роль в использовании "исследования общественного мнения" для осуществления сдвигов парадигмы и ценностей в обществе, таких как только что описанные, но в более широком масштабе и на всех уровнях общества, составляющих западную цивилизацию в том виде, в котором она была известна на протяжении веков.

Домашней базой Кантрила, откуда он вел свои военные действия против американского народа, было Управление по изучению общественного мнения при Принстонском университете, основанное в 1940 году, в том же году, когда Кантрил написал свою книгу *"Вторжение с Марса"* - подробный анализ того, как население района Нью-Йорка и Нью-Джерси отреагировало страхом и паникой на показ в эфире фильма Орсона Уэллса "Война миров" в 1938 году.

Откуда они могли знать, что являются частью предприятия по составлению профилей, если можно сделать вывод, что в 1938 году практически никто из американцев никогда не слышал о Хэдли Кэнтриле или Тавистокском институте? Интересно было бы узнать, сколько американцев слышали о Тавистоке в 2005 году?

Большинство людей помнят Орсона Уэллса, но, вероятно, девяносто девять процентов населения не придают никакого значения имени Кэнтрила и не знают о Тавистокском институте.

Давайте расскажем историю ночи 30 октября 1938 года, потому что те же самые приемы использовались администрацией Буша, Министерством обороны и ЦРУ для формирования общественного восприятия событий, которые привели к вторжению в Ирак в 2003 году и по-прежнему актуальны в 2005 году.

В 1938 году Орсон Уэллс создал себе репутацию мастера фальшивых новостей, используя английского писателя Уэллса, бывшего агента МИ-6, и его книгу "*Война миров*".

В радиоадаптации произведения Уэллса другой Уэллс прерывал радиопередачи в Нью-Джерси, объявляя, что марсиане только что приземлились. "Марсианское вторжение началось", - объявил Орсон Уэллс.

В течение четырехчасовой постановки не менее четырех раз было объявлено, что то, что слушают зрители, - это вымышленная реконструкция того, какой была бы история Уэллса, если бы она воплотилась в жизнь. Но это было бесполезно. Паника охватила миллионы людей, которые в ужасе покидали свои дома и блокировали дороги и системы связи.

Какова была цель "мистификации"? В первую очередь, это была проверка эффективности методов Кантрила и Тавистока на практике и, что, возможно, более важно, создание условий для грядущей войны в Европе, в которой "новостные передачи" будут играть решающую роль в сборе и распространении информации как авторитетный источник достоверной информации, а также как форум для формирования общественного мнения.

Через два дня после передачи новостного бюллетеня "Марсианское вторжение" редакционная статья *"Нью-Йорк Таймс"* под названием "Террор по радио" невольно подчеркнула то, что Тависток имел в виду для американского народа в приближающейся войне: "То, что началось как развлечение, легко могло закончиться катастрофой", - говорилось в редакционной статье. Руководители радиостанций несут ответственность и "должны дважды подумать, прежде чем смешивать технику новостей с таким ужасающим вымыслом".

То, на что случайно наткнулась *"Таймс", было* волной

будущего, увиденной глазами теоретиков Тавистока. Отныне "смешивание новостных методов с вымыслом, настолько ужасающим", что его будут воспринимать как факт, должно было стать стандартной практикой для выпускников Тавистока. Все новостные программы должны были быть адаптацией "новостей и вымысла" в хитроумном сочетании, чтобы сделать одно неузнаваемым от другого.

Фактически, Тависток применил свою новую теорию на практике год спустя, когда население европейских городов - Лондона, Мюнхена, Парижа и Амстердама - охватил страх войны, даже когда Невиллу Чемберлену удалось предотвратить войну, используя те же методы, что и в радиопередачах "Войны миров" в октябре 1938 года.

# ГЛАВА 9

## Как отдельные люди и группы реагируют на смешение реальности и вымысла?

Кантрил пришел к выводу, что общественность отреагировала именно так, как его убедили эксперименты по профилированию. Воскресный вечер 30 октября 1938 года стал вехой в его послужном списке и датой, ознаменовавшей значительный сдвиг парадигмы в способе представления "новостей". Прошло чуть более семи десятилетий, а мир по-прежнему кормят новостями, смешанными с вымыслом, вымыслом, который во многих случаях ужасает. Западный мир претерпел радикальные изменения, которые ему неохотно навязывали, до такой степени, что он стал миром, настолько отличающимся от того, каким он был в ту октябрьскую ночь 1938 года, что он стал "другой планетой". Мы вернемся к этой важной теме позже в этой книге.

После Второй мировой войны Кантрил стал полностью связан с главным гуру Тавистока, его основателем Джоном Роулингсом Ризом, и его проектом по глобальной напряженности в Организации Объединенных Наций ЮНЕСКО.

Профили того, как отдельные люди и группы реагировали на международную напряженность, были составлены на основе ловкой смеси фактов и ужасающего вымысла для кампании по запуску "граждан мира" (социалистическо-коммунистической диктатуры единого мирового правительства), которых начали использовать для ослабления границ, языка и культуры и дискредитировать национальную гордость и суверенитет национальных государств в рамках подготовки к новому социалистическому мировому порядку - единому мировому правительству, которое, по словам президента Вудро Вильсона, Америка сделает безопасным для "демократии".

Эти свежие лица американских парней из Арканзаса и Северной Каролины были отправлены в Европу, полагая, что они "сражаются за свою страну", не зная, что "демократия", которую Вильсон посылал их "защищать мир", была международным социалистическо-коммунистическим диктаторским режимом с единым мировым правительством.

Джон Роулингс Риз был редактором тавистокского журнала "*Журнал гуманистической психологии"*. Их общее мышление отражено в монографии 1955 года "К гуманистической психологии" (Toward a Humanistic Psychology), которая стала продолжением поддержки Кантрилом тавистокского восприятия "личности" Гордона Аэропорта. Как он выразился в книге 1947 года "*Понимание социального поведения человека"* в главе "Причинность". Методология Кантрила была основана на мнении, что "конкретная среда, в которой происходит рост, дает конкретному индивидууму конкретное направление для его роста".

Усилия Кэнтрила являются хорошим примером разрушения границ между якобы нейтральным формированием мнений и социально обусловленным формированием мнений благодаря стремлению Тавистока добиться серьезных личностных и поведенческих изменений во всех слоях целевых групп населения, как мы пытались их описать.

Cantril назначил совет директоров для помощи в своей работе, в который входят :

- Уоррен Беннис, последователь тавистокского менеджера Эрика Триста.

- Мэрилин Фергюсон, которая станет автором книги "*Акварианский заговор*";
- Джин Хьюстон, директор Института исследования мозга, член Римского клуба и автор книги "Игры разума".
- Олдос Хаксли, который руководил программой "MK-Ultra LSD", длившейся 20 лет.
- Уиллис Харман, директор Стэнфордского университета и наставник книги "Меняющиеся образы человека", позже замаскированной под "Акварианский заговор" и представленной как работа Мэрилин Фергюсон.
- Майкл Мерфи, директор Института Эсален, созданного Хаксли и другими как центр "тренировки чувствительности" и экспериментов с наркотиками.
- Джеймс Ф. Т. Бьюдженталь, инициатор проектов по созданию поклонения в Эсалене.
- Абрахам Маслоу, ведущий выразитель иррационалистической "силы мысли" и основатель АНР в 1957 году.
- Карл Роджерс, коллега Маслоу по АХП в 1957 году.

Царящая идеология АГП была проиллюстрирована рецензией на книгу в одном из номеров журнала "*Журнал гуманистической психологии" за* 1966 год.

Рецензируя книгу Маслоу "*Психология науки"*, Уиллис Харман за год до своего обучения в Стэнфорде в 1967-69 годах приветствовал "вызов науке" со стороны "ЭСП, психокинеза, мистики и наркотиков, расширяющих сознание" (особенно ЛСД и мескалина). Он высоко оценил "новую науку" Маслоу, которая выдвинула на первый план "гипноз, творчество, парапсихологию и психоделический опыт" и перенесла научные проблемы с "внешнего" мира на изучение "внутреннего пространства".

Именно оригинальная мысль Кантрила об "особой личности" была доведена до логического завершения. Кэнтрилу выпала "слава и честь" произвести масштабную смену парадигмы мышления и поведения западного мира.

Освальду Шпенглеру не составило бы труда назвать ее одной из причин гибели Запада, которую он предсказал в 1936 году.

**Внесение изменений в "когнитивную и поведенческую структуру".**

Независимо от конкретной окраски идеологии, которая сопровождала ученых, занимающихся опросами после Второй мировой войны, неизменное представление о социальной инженерии с помощью "методов выборки" и "изучения общественного мнения" можно найти в работе Картрайта "*Некоторые принципы массового убеждения*"[6] , подготовленной для Отдела программных опросов Министерства сельского хозяйства.

Статья была озаглавлена "Избранные результаты исследований по продаже военных облигаций США",[7] , но, как ясно показывает Картрайт, военный аспект исследования был лишь предлогом для проведения анализа принципов того, как восприятие может быть изменено в соответствии с целями, которые может иметь в виду контролер.

Можно спросить, какое отношение продажа военных облигаций имеет к сельскому хозяйству, но это было частью методологии Картрайта. Это была гипотеза Бернайса-Липпмана-Кантрила-Картрайта, синтезированная и сконцентрированная в контексте Второй мировой войны. Статья была опубликована в газете "Тавистток", что должно сразу привлечь внимание читателя.

> Из многих технологических достижений прошлого века, которые привели к изменениям в социальной организации, - начинает Картрайт, - развитие средств массовой

---

[6] *Принцип массового убеждения*, Ndt.

[7] "Выборочные результаты исследований по продаже военных облигаций США", Ндт.

> информации обещает оказать наибольшее влияние. Возросшая взаимозависимость людей означает, что возможности мобилизации массовых социальных действий значительно расширились. Можно представить себе, что один человек, обладающий убеждением, может, используя средства массовой информации, склонить население планеты к своей воле".

Мы не верим, что Картрайт имел в виду Иисуса Христа, когда делал это заявление.

Под заголовком "Создание особой когнитивной структуры" Картрайт продолжает:

> Первый принцип: "Почти все психологи считают трюизмом, что поведение человека определяется его восприятием мира, в котором он живет... Из этой формулировки следует, что один из способов изменить поведение человека - это изменить его когнитивную структуру. Изменение когнитивной структуры индивидов с помощью средств массовой информации имеет несколько предпосылок. Их можно сформулировать как принципы".

Помежая свой рассказ примерами из практики применения результатов своего исследования в кампании по продаже военных облигаций Второй мировой войны, Картрайт продолжил развивать принципы: "Сообщение" (т.е. информация, факты и т.д.) должно достичь органов чувств людей, на которых нужно воздействовать... Общие стимульные ситуации выбираются или отвергаются на основе впечатления от их общих характеристик" и т.д. Второй набор принципов развивал методы модификации "когнитивной структуры".

> Второй принцип: "Достигнув органов чувств, "сообщение" должно быть принято как часть когнитивной структуры человека".

Картрайт отмечает в этом разделе, что

> "любые усилия по изменению поведения путем модификации этой когнитивной структуры должны преодолеть силы, которые стремятся сохранить существующую структуру".

Только когда данная когнитивная структура кажется человеку неудовлетворительной для его адаптации, он с готовностью воспринимает воздействия, направленные на изменение этой структуры".

Под заголовком "Создание определенной мотивационной структуры" Картрайт провел дальнейший анализ

> "социальные побуждения, которые ввергли управляющих Федеральной резервной системы США в Вашингтоне в длительное смятение".

# ГЛАВА 10

## Опросы достигают совершеннолетия

Клиника Тависток в Лондоне была местом, где Зигмунд Фрейд поселился по прибытии из Германии, и где его племянник, Эдвард Бернейс, впоследствии содержал целый двор поклонников.

Так Англия стала мировым центром массового промывания мозгов, эксперимента по социальной инженерии, который распространился в послевоенных клиниках по всей территории США.

Во время Второй мировой войны в Тавистоке находился штаб психологической войны британской армии, который через механизмы британского Управления специальных операций (SOE) (позже известного как MI6) диктовал вооруженным силам США политику в области психологической войны.

Ближе к концу войны сотрудники Тавистока возглавили Всемирную федерацию психического здоровья и отдел психологической войны Верховного штаба экспедиционных сил союзников (SHAEF) в Европе.

Ведущий теоретик Тавистока, доктор Курт Левин, приехал в США, чтобы организовать Гарвардскую психологическую клинику, Центр исследований групповой динамики Массачусетского технологического института, Институт социальных исследований Мичиганского университета, а его коллеги Картрайт и Кэнтрилл присоединились к нему, чтобы играть ключевые политические роли в психологических отделах Управления стратегических служб (OSS), Управления военно-морских исследований (ONI), Службы стратегических бомбардировок США и Комитета национальной морали.

Кроме того, многие влиятельные люди на самых высоких политических уровнях прошли обучение по теории топологической психологии доктора Левина, которая на сегодняшний день является самым передовым в мире методом модификации поведения и промывания мозгов. Важные коллеги Курта Льюина по Тавистоку, Эрик Трист, Джон Ролингс Риз, Г. В. Дикс, У. Р. Бион и Ричард Кроссман, а также отдельные члены Стратегического обзора бомбардировок, Комитета по национальной морали и Совета по ресурсам национальной обороны, присоединились к Льюину в корпорации "Рэнд", Стэнфордском исследовательском институте, Уортонской школе, Национальных учебных лабораториях и Национальном институте психического здоровья.

Правительство США начало заключать многомиллионные контракты со всеми этими учреждениями. За сорок лет федеральное правительство выделило десятки миллиардов долларов на финансирование работы этих групп, а еще десятки миллиардов были переданы этим учреждениям частными фондами.

С годами эти учреждения росли, и вместе с ними росли масштабы проектов, на которые они заключали контракты. Каждый аспект психической и психологической жизни американского народа профилируется, записывается и хранится в компьютерных банках данных.

Институты, персонал и сети продолжали расширяться и проникать глубоко во все уголки федеральных, государственных и местных органов власти. Их штатные специалисты и выпускники привлекались к разработке политики для социальных служб, советов по трудовому посредничеству, профсоюзов, ВВС, ВМС, армии, Национальной ассоциации образования и психиатрических клиник, а также Белого дома, Министерства обороны и

Государственного департамента. Эти структуры также пользуются многочисленными контрактами с Центральным разведывательным управлением (ЦРУ).

Между этими аналитическими центрами и крупнейшими опросами и медиа-компаниями США были установлены тесные отношения сотрудничества. Gallup Poll, Yankelovich-CBS-New York Times Poll, National Opinion Research Center и другие постоянно проводили психологические профили населения, делясь результатами для оценки и обработки с вездесущими социальными психологами.

То, что публика видит в газетах в качестве опросов общественного мнения, является лишь малой частью той работы, которую ставят перед собой опросчики. Одним из ключей к контролю Тавистока над ключевыми сферами повседневной деятельности на Западе является тот факт, что там нет других средств коммуникации.

В Соединенных Штатах теперь есть свой собственный де-факто телевизионный канал Fox News, который с момента его приобретения Ричардом Мердоком стал практически бесперебойной пропагандистской машиной для правительства.

Над этой сплоченной группой социальных психологов, следователей и манипуляторов СМИ стоит элита могущественных покровителей, "богов Олимпа" (Комитет 300). В информированных кругах известно, что эта группа контролирует все в мире, за исключением России и, с недавних пор, Китая.

Она планирует и реализует долгосрочные стратегии комплексно, дисциплинированно и единым образом. Под его управлением находится более 400 крупнейших компаний из списка Fortune 500 в США, а взаимосвязанные связи затрагивают все сферы деятельности правительства, торговли, банковского дела, внешней политики, разведывательных служб и военного ведомства.

Эта элита поглотила все другие "властные группы" более

ранней истории США: группу Ротшильдов, Морганов, Рокфеллеров, либеральный истеблишмент Восточного побережья в лице семей Перкинс, Кэбот, Лодж, сливки старой многомиллиардной торговли опиумом в Восточной Индии.

Его иерархия включает старые семьи, происходящие от британской Ост-Индской компании, чьи огромные состояния были получены от торговли опиумом, и которыми управляют сверху донизу, в том числе европейские королевские семьи.

В самых глубоких недрах вашингтонского разведывательного истеблишмента старшие офицеры разведки называют эту внушительную группу в тихих тонах и на таинственном языке "Комитетом 300". Лидеров называют "олимпийцами". Ни один президент США не избирается и не остается на своем посту без их благосклонности.

Те, кто противостоит их контролю, удаляются. Примерами являются Джон Ф. Кеннеди, Ричард Никсон и Линдон Джонсон. Комитет 300 - это международное социалистическое мировое правительство, которое управляет Новым мировым порядком из-за кулис, где оно будет находиться до тех пор, пока не будет готово появиться и взять полный и открытый контроль над всеми правительствами мира в рамках международной коммунистической диктатуры.

# ГЛАВА 11

## Смена парадигмы в образовании

В 1970-х годах была осуществлена радикальная смена парадигмы школьной программы на всех уровнях, вплоть до того, что вместо чтения, письма и арифметики ученики получали школьные зачеты по курсам граждановедения. Эпидемия "случайного секса" и употребления наркотиков захлестнула подростков школьного возраста и распространилась по всей стране.

В июле 1980 года в Торонто, Канада, состоялась крупная международная конференция под эгидой "Первая глобальная конференция о будущем", в которой приняли участие 4 000 социальных инженеров, кибер-экспертов и футуристов из всех аналитических центров. Конференция проходила под руководством миллиардера, президента Тавистокского института Мориса Стронга, который задал тему:

> "Пришло время перейти от размышлений и диалога к действиям. Эта конференция станет стартовой площадкой для этой важной акции в 1980-х годах.

Стронг был председателем совета директоров Petro-Canada, одной из многих "флагманских" компаний "олимпийцев". Он был сотрудником британской секретной службы МИ-6, где во время Второй мировой войны носил звание полковника. Стронг и сеть его компаний были вовлечены в высокодоходную торговлю опиумом, героином и кокаином. Стронг и Олдос Хаксли были ответственны за ЛСД-чуму, охватившую Соединенные Штаты, а затем и Европу. Он был директором экологической программы ООН.

Одним из главных докладчиков для "олимпийцев" на конференции был доктор Аурелио Печчеи, президент Римского клуба, аналитического центра НАТО.

Организация Североатлантического договора (НАТО) была создана как часть Аквариумного заговора, проекта социологов Стэнфордского университета под руководством Уиллиса Хармона. НАТО, в свою очередь, сформировало и продвигало новую ветвь под названием "Римский клуб", название было призвано запутать и замаскировать, поскольку оно не имеет ничего общего с католической церковью.

Не вдаваясь в технические подробности деятельности Римского клуба (далее "Клуб"), его целью было создание в противовес постиндустриальной сельскохозяйственной и военной экспансии "постиндустриального сельскохозяйственного общества нулевого роста", которое должно было положить конец бурно развивающейся обрабатывающей промышленности и растущим мощностям по производству продуктов питания механизированного сельского хозяйства Америки. Членство в клубе и НАТО были взаимозаменяемы.

К ней присоединились Стэнфордский исследовательский центр, Тавистокский институт и другие центры прикладной социальной психиатрии. В 1994 году Тависток подписал крупный контракт с НАСА на оценку последствий космической программы. Сам клуб был основан только в 1968 году как часть призыва к созданию Нового мирового порядка в рамках Единого мирового правительства. Клуб стал инструментом для навязывания ограничений роста промышленным странам, и первой страной-мишенью стали США.

На самом деле это был один из первых шагов, предпринятых для реализации цели "300" - возвращения США в своего рода феодальное государство, где все население контролируется новой оккультной аристократией. Одной из отраслей, против которой выступал Клуб, была атомная энергетика, и ему удалось остановить строительство всех атомных электростанций для производства электроэнергии, в результате чего спрос на электроэнергию значительно превысил предложение. НАТО был ее военным союзом, чтобы держать Россию в узде.

В повестку дня упомянутого выше заседания 1980 года были включены следующие вопросы:

- Женское освободительное движение.
- Черное сознание, расовое смешение, устранение табу против межнациональных браков, предложенные тавистокским антропологом Маргарет Мид и Грегори Бейтсоном.
- На этой встрече было решено начать агрессивную программу по представлению "цветных рас" как превосходящих белых представителей западной цивилизации. Именно с этого форума Опра Уинфри и множество чернокожих людей были завербованы и подготовлены для роли в представлении "смешанных рас" как превосходящих белых.
- *Это также наблюдается в фильмах, где чернокожие звезды внезапно становятся знаменитостями. Это также проявляется, когда чернокожего человека ставят в положение, дающее власть над белыми, например, судья, начальник округа ФБР или военный, генеральный директор крупной компании и т.д.
- Бунт молодых людей против воображаемых пороков общества.
- Возникающий интерес к корпоративной социальной ответственности.
- Разрыв поколений подразумевает смену парадигмы.
- Антитехнологические предубеждения многих

молодых людей.

- Эксперименты с новыми семейными структурами - межличностные отношения, в которых гомосексуализм и лесбиянство стали "нормализованными" и "ничем не отличающимися от других людей" - приемлемыми на всех уровнях общества, две лесбийские "мамы".
- Появление фальшивых природоохранных/экологических движений, таких как "Гринпис".
- Возрождение интереса к восточным религиозным и философским взглядам.
- Возрождение интереса к "фундаменталистскому" христианству.
- Профсоюзы уделяют особое внимание качеству рабочей среды.
- Растущий интерес к медитации и другим духовным дисциплинам "Каббала" должна была вытеснить христианскую культуру, и для преподавания и распространения Каббалы были избраны особые люди. Первыми избранными учениками были Ширли Маклейн, Розанна Барр, а позже Мадонна и Деми Мур.
- Растущее значение процессов "самореализации".
- * Изобретение музыки, "хип-хопа" и "рэпа", такими группами, как "Ice Cube".
- Новая форма языка, в которой английский язык настолько изуродован, что становится неразборчивым. Этот феномен распространяется и на дикторов новостей в прайм-тайм.

Эти разрозненные тенденции свидетельствуют о возникновении атмосферы социальных потрясений и глубоких перемен, когда новый образ человека начинает утверждаться, приводя к радикальным изменениям в западной цивилизации.

Не имеющая лидеров, но мощная сеть, "невидимая армия", поставила перед собой цель добиться "неприемлемых" перемен в США. Его основные члены были "ударными отрядами", которые радикализировали все формы нормы, порывая с ключевыми элементами западной цивилизации. Среди "олимпийцев" эта сеть была известна как "Акварианский заговор", а ее адепты должны были быть известны как "невидимые ударные войска".

Этот массивный, гигантский, необратимый сдвиг парадигмы вторгся в Америку, пока мы спали, сметая старые с новыми политическими, религиозными и философскими системами. Вот что должны будут показать граждане нового мирового порядка - единого мирового правительства, - новый дух - рождение нового порядка без национальных государств, без гордости за место и расу, культуры прошлого, обреченной на свалку истории, никогда не возрождающейся.

По опыту мы знаем, что эта работа, скорее всего, будет встречена с презрением и недоверием. Некоторые даже пожалеют нас. Для описания этой работы будут использоваться такие термины, как "необычный". Это обычная реакция, когда человек не знает мотивов социологов, промывателей мозгов, создателей мнений, социальных психологов Тавистока, ведущих свою войну против США. Вероятность того, что 90% американцев не знают, что Тависток объявил войну гражданскому населению Германии, чтобы закончить Вторую мировую войну.

Когда этот конфликт закончился в 1946 году, специалисты по массовому промыванию мозгов и формированию общественного мнения из Тавистока вступили в войну с американским народом.

Если вы так реагируете на эту презентацию, не расстраивайтесь - поймите, что именно так вы и должны реагировать. Если мотивация кажется надуманной и неправдоподобной, или даже непонятной, то мотивации "не существует". Если это так, то результирующее действие не существует; следовательно, "олимпийцы" не существуют и сюжета нет.

Но факт в том, что гигантский заговор действительно существует. Несомненно, Курт Левин, ведущий ученый из Тавистока и ключевой теоретик всех "мозговых центров", мог бы объяснить это более четко, чем мы, если бы захотел. Его практика исходит из того, что он называет доктриной "топологии-психологии". Льюин - это человек, чьи теории позволили успешно вести психологическую войну во время Второй мировой войны, человек, который спланировал и осуществил стратегические бомбардировки, приведшие к поражению Германии во Второй мировой войне путем массового уничтожения 65% жилья немецких рабочих, о чем мы только что очень кратко говорили.

# ГЛАВА 12

## Доктрина Льюина о "изменение личности"

Доктрину Левина нелегко понять неспециалисту. По сути, Льюин утверждает, что все психологические явления происходят в пределах области, определяемой как "пространство психологических фаз". Это пространство состоит из двух взаимозависимых "полей" - "среды" и "Я".

Концепция "контролируемой среды" возникла в результате исследования того, что если у вас есть фиксированная личность (та, которую можно спрофилировать предсказуемым образом), и вы хотите добиться от этой личности определенного типа поведения, вам нужно контролировать только третью переменную в уравнении, чтобы получить желаемое поведение.

Это было стандартом в формулах социальной психологии. МИ-6 использовала его, и почти во всех типах ситуаций, связанных с переговорами; армейские операции против повстанцев, трудовые переговоры и дипломатические переговоры использовали его, по-видимому, до 1960-х годов.

После 1960 года Тависток изменил уравнение, сделав больший акцент на технике контролируемой среды; не на поведении, а на желаемой личности. Льюин стремился достичь гораздо более радикального и постоянного результата: изменить глубинные структуры человеческой личности. Короче говоря, Льюин добился того, что перешел от "модификации поведения" к "изменению личности".

Изменение идентичности было воспринято народами всего мира. Нации стремились обрести "новую индивидуальность", которая изменила бы взгляд на них всего мира.

Теория была основана на оригинальных формулировках двух теоретиков Тавистока, теории доктора Уильяма Сарджента, изложенной в его книге "*Битва за разум*", и работе Курта Левина о регрессии личности.

Льюин заметил, что "внутреннее "я" индивида демонстрирует определенные реакции, когда подвергается напряжению окружающей среды. Когда нет напряжения, нормальное внутреннее "я" человека хорошо дифференцировано, сбалансировано, многогранно и разносторонне".

> "Когда окружающая среда создает разумное напряжение, все способности и способности внутреннего "я" становятся бдительными, готовыми к эффективным действиям.
>
> Но когда возникает невыносимое напряжение, эта геометрия распадается на слепой, недифференцированный суп; примитивная личность в состоянии регресса. Человек сводится к животному; высокодифференцированные и разносторонние способности исчезают. Контролируемая среда берет верх над личностью".

Именно эта "техника" Льюина используется в отношении пленных, содержащихся в тюремном лагере Гуантанамо, вопреки международному праву и Конституции США. Вопиющие нарушения, допущенные администрацией Буша в этом лагере, выходят за рамки нормальной западной христианской цивилизации, и их принятие послушной американской общественностью может быть первым признаком того, что американский народ настолько изменился под воздействием тавистокского "дальнего проникновения и внутренней обусловленности", что теперь он готов опуститься до уровня Нового мирового порядка в Едином мировом правительстве, где такое варварское "обращение" будет считаться нормальным и приниматься без протеста.

Тот факт, что врачи участвовали в бесчеловечных пытках другого человека и не испытывали угрызений совести, показывает, насколько низко пал мир.

Было замечено, что это послужило основой для военного лагеря в Гуантанамо, Куба, который был открыт там, чтобы избежать ограничений Конституции США и обеспечить контролируемую среду типа Льюина. Люди, содержащиеся в этой психологической тюрьме, сейчас находятся в состоянии регрессии, когда они были низведены до уровня животных.

Гуантанамо - это лагерь, который, по нашему мнению, будет создан по всей территории США и всего мира, когда Новый мировой порядок - правительство одного мира - установит полный контроль над миром. Это садистский, бесчеловечный и звериный лагерь, созданный для того, чтобы сломить природную гордость жертв, подавить волю к сопротивлению и превратить заключенных в зверей.

В первом эксперименте мирового правительства в тогдашнем СССР мужчинам разрешалось пользоваться туалетом только для того, чтобы их прерывали в середине эвакуации и выталкивали наружу, прежде чем они успевали помыться. Абу-Грейб и Гуантанамо находились примерно на этом уровне, когда контролеры попали под пристальное внимание всего мира. Генерал Миллер, который был главным капо, с тех пор исчез из виду.

Диссиденты", которые настаивают на том, чтобы правительство США подчинялось Конституции и требовало соблюдения их конституционных прав, в будущем будут рассматриваться как "диссиденты", точно так же, как Сталин рассматривал "диссидентов" в России. Будущие "Гуантанамо", появившиеся по всей Америке, являются предвестниками грядущих событий. Мы можем быть уверены в этом.

# ГЛАВА 13

## Индуцированный упадок западной цивилизации между двумя мировыми войнами

Из всех европейских наций в период между двумя мировыми войнами Германия, как сверхэкономическая, сверхрасово чистая, сверхвоинственная нация, пострадала больше всех, что и было предусмотрено. Лига Наций была "первым проектом" быстро надвигающегося нового мирового порядка в едином мировом правительстве, а "мирные предложения" на Парижской мирной конференции, направляемые и контролируемые Тавистоком, были разработаны с целью превратить Германию в постоянную европейскую державу второго сорта, чье самоуважение будет уничтожено социальным понижением до нищенского или, в лучшем случае, пролетарского статуса.

Неудивительно, что немецкий народ пришел в ярость и дал Гитлеру массовую поддержку, необходимую ему для превращения его латентного националистического движения в силу обновления.

Мы никогда не узнаем, просчитался ли Тависток, или он тем самым заложил основу для более масштабной и кровопролитной войны. В конце концов, Мид и Бертран Рассел говорили, что необходим мир, населенный "послушными" подданными. Рассел отмечал "детский" характер американских негров, которых он встречал во время своих путешествий по Соединенным Штатам. Рассел сказал, что предпочитает их белым. Он также сказал, что если белая раса хочет выжить, ей придется научиться вести себя как ребенок, как негр. Однако, развивая свои мысли, эмиссар Тавистока назвал черных "бесполезными едоками" и заявил, что они должны быть уничтожены в массовом порядке.

Рассел также высоко оценивает покорность бразильского народа, которая, по его словам, объясняется "межрасовым разведением с африканцами, привезенными в качестве рабов".

Существует мнение, что одной из главных целей монстров, планировавших две мировые войны, было то, что в них должны были участвовать преимущественно молодые белые мужчины. Конечно, верно, что Германия, Британия, Соединенные Штаты и Россия потеряли миллионы цветков своего мужского населения, которые были навсегда удалены из генофонда нации. В Первой мировой войне, разработанной Тавистоком, фронты и сражения были организованы таким образом, что Россия потеряла 9 миллионов человек, или 70% от общей численности вооруженных сил.

За исключением России, аристократия гораздо меньше, чем буржуазия, страдала от экономических последствий войны и революции. Традиционно большую часть их богатства составляла земля, которая в случае инфляции не обесценивалась так сильно, как другие материальные активы.

Распад монархий (за исключением Англии) ударил по старому порядку общества высших классов, которые больше не могли продолжать служить обществу в роли офицеров или дипломатов - их услуги больше не были востребованы - возможностей для такой службы было гораздо меньше, чем до войны.

Некоторые представители русской аристократии мужественно приняли статус пролетария или даже рабочего класса в качестве таксистов, носильщиков в ночных клубах и русских дворецких в послевоенном Париже; другие занялись бизнесом. Большинство из них, однако, впало в социальную нищету. Если раньше строго охраняемая граница между обществами в старых монархических столицах и остальной частью общества была непроходимой, то теперь появились широкие разрывы, поскольку границы размылись.

Как сказал герцог Виндзорский в своих мемуарах "*История короля*":

> "Сила перемен еще не настолько глубоко проникла в структуру британского общества, чтобы стереть большую часть былой элегантности. Во время так называемого лондонского сезона Вест-Энд представлял собой почти непрерывный бал от полуночи до рассвета. Вечер всегда можно было спасти, обратившись в один или другой из ночных клубов, которые тогда стали такими модными и почти респектабельными".

(В то время слово "гей" означало "счастливый". Только в середине пятидесятых годов оно стало использоваться как эвфемизм для обозначения полового акта). Герцог также не объяснил, что "сила перемен", о которой он упоминает, была умело применена Тавистокским институтом.

Упадок женской скромности, который стал очевиден вскоре после окончания Первой мировой войны, проявился внезапно повсеместно и с нарастающей скоростью. Для неосведомленных это был социальный феномен. Никто не мог заподозрить, что причиной тому был Веллингтон Хаус и его зловещие социальные инженеры.

Эта женская эмансипация сопровождалась восстанием, особенно среди молодежи, против любых традиционных ограничений ума и тела, которые умирали среди разбитых идолов павших империй. Послевоенное поколение в Европе восставало против всех обычаев, поскольку отчаянно пыталось избавиться от ужасов пережитой войны. Кливаж упал, курение и выпивка на публике стали формой бунта. Гомосексуализм и лесбиянство стали открытыми, но не по внутреннему убеждению, а как протест против того, что произошло, и как восстание против всего, что разрушила война.

Радикальный и революционный избыток проявлялся в искусстве, музыке и моде. Джаз" был в воздухе, а "современное искусство" считалось "шикарным". Понятным элементом всего был "don't have a care"[8] ; это было тревожно и нереально. Это были годы, когда вся Европа была в шоке. Веллингтон Хаус и Тависток хорошо выполнили свою работу.

Под суматошным ощущением того, что вас толкают вперед неконтролируемые события, скрывается духовное и эмоциональное оцепенение. Ужас войны, в которой миллионы молодых людей были без нужды убиты, искалечены, ранены и отравлены газом, только начинал ощущаться, и поэтому ее нужно было "стереть из памяти".

Жертвы сделали войну слишком реальной в ее ужасающем и жестоком уродстве, и люди отшатнулись в шоке и революции, в отчаянии, вызванном разочарованием в мире. Европейцы с их высочайшей культурой, олицетворяющей западную цивилизацию, были потрясены еще больше, чем американцы.

Они потеряли веру в зачатки прогресса, который поддерживал их отцов и дедов и сделал их народы великими. Особенно это касалось Германии, России, Франции и Англии.

Вдумчивые люди не могли понять, почему две самые цивилизованные и развитые нации в мире разорвали себя на части и лишили жизни миллионы своих лучших молодых людей. Словно ужасающее безумие охватило Британию и Германию.

Для тех, кто в курсе, это было не безумие, а методология Веллингтон Хаус, которая захватила британскую молодежь.

---

[8] "Плевать на все", Ндт.

Страх, что это может повториться, почти предотвратил начало Второй мировой войны.

Офицеры, вернувшиеся с боев, описывали в газетах ужасы рукопашных схваток, которые часто происходили во время "великой войны". Они были потрясены и напуганы, ужаснуты и разочарованы. Никто из них не понимал, почему началась война. Темные тайны Веллингтон Хаус и "олимпийцев" оставались скрытыми, как и сегодня.

Если раньше возложение короны монархом Англии к кенотафу Уайтхолла в Лондоне приносило утешение, то теперь оно вызывает горечь, гнев и отвращение. Была подготовлена сцена для Второй мировой войны, в которой Тависток сыграет огромную и непропорционально большую роль.

Было несколько мыслителей, которым было что сказать: например, Шпенглер в истории, Хемингуэй, Ивлин Во в литературе, а в Америке Эптон Синклер и Джек Лондон, но их послание было одинаково мрачным, даже мрачнее, чем мрачное предвестие Шпенглера о неизбежном упадке западной цивилизации.

Эти впечатления подтвердились ухудшением личных отношений после войны. Разводы и измены жене были более частыми. Прекрасная концепция женщины на пьедестале, нежной, женственной женщины с красивым, каденционным голосом, цветка Божьего творения, тайны, была исчезающим идеалом. На его место пришел пронзительный, громкий, вульгарный, с пронзительной, отрывистой речью, такой, какую подхватило и популяризировало особенно популярное утреннее ток-шоу.

Никто не мог знать, что этот печальный упадок был конечным продуктом войны Тавистока против западной женственности.

В послевоенной Европе Монпарнас в Париже стал печальным местом. Послевоенная Вена, опустевшая после войны, которая унесла так много ее сыновей, была еще печальнее. Но Берлин, когда-то такой живой и чистый, стал Вавилоном Европы и, возможно, самым печальным местом из всех.

> "Каждый, кто пережил эти апокалиптические месяцы, эти годы, испытал отвращение и озлобление, почувствовал приход обратной реакции, ужасной реакции,

писал историк Цвейг.

Политическое, духовное и социальное банкротство новых властных элит, пришедших на смену монархам, аристократам и старомодным буржуазным династиям, было во многом более впечатляющим, чем у их предшественников, и нигде так, как в США с наступлением социалистической эры при Франклине Д. Рузвельте. Однако на этот раз затмение лидерства не было локализовано на одном континенте или ограничено одним конкретным классом общества.

Америка Франклина Рузвельта как географический Новый Свет, с точки зрения стоящих перед ней проблем, быстро продемонстрировала, что Соединенные Штаты лишь немногим менее анахроничны, чем Австро-Венгрия Франца Иосифа. Здесь он устанавливает "демократический" социализм Нового мирового порядка, прямо по модели, созданной Фабианским обществом, в то время как Соединенные Штаты являются Конституционной республикой Конфедерации, что является полной противоположностью.

Ни перемещение центра европейской власти и престижа из бывших западных демократий в Центральную империю, ни замена традиционных правящих классов павших монархий на Соединенные Штаты не способствовали улучшению экономического, политического, социального, морального или религиозного климата послевоенного мира. Крах на Уолл-стрит и последующая депрессия являются красноречивым, хотя и безмолвным, свидетельством истинности и точности нашего утверждения.

О том, как это мероприятие было организовано Тавистокским институтом, можно судить по календарю событий, который мы приводим в приложении.

# ГЛАВА 14

## Америка не является "родиной"

Соединенные Штаты Америки давно стали самой благодатной почвой для широкомасштабного распространения пропаганды, их жители были объектами сговора, лжи, обмана, в которых всегда лидировали британцы, а первым в мире центром контроля сознания, промывания мозгов и пропаганды был Тавистокский институт человеческих отношений. Его предшественником была организация, созданная лордом Нортклиффом, который женился на наследнице Ротшильдов, и которому активно помогали лорд Ротмир и американцы Уолтер Липпман и Эдвард Бернейс.

Из этого скромного начала в 1914 году возник Тавистокский институт человеческих отношений, которому нет равных в создании пропаганды грандиозного масштаба. Тависток - это учреждение, занимающееся пропагандой и подгоном под все аспекты жизни. Тависток подходил к пропаганде так, как будто это была битва, и в некотором смысле так оно и было. Здесь нет полумер; это война, в которой все идет в ход, пока это обеспечивает победу.

Глядя на политическую сцену, нельзя не заметить, что за последние два десятилетия увеличение глубины и объема пропаганды, и особенно контроля сознания, стало повсеместным. Правильное применение пропаганды к любому вопросу, будь то экономический или политический, является важной частью механизма контроля правительства.

Сталин однажды сказал, что если вы хотите иметь послушное население, вы должны напустить на него страх и ужас. В определенном смысле это то, что произошло в США и Великобритании.

Вторая мировая война предоставила неограниченные возможности для превращения пропаганды в высокое искусство. Если мы посмотрим на усилия администрации Рузвельта изменить сознание американского народа, 87% которого были против вступления в войну в Европе, мы увидим, что Рузвельт не преуспел. Американский народ отверг вступление в войну в Европе.

Потребовалась надуманная ситуация, заранее выбранный предлог - нападение японцев на Перл-Харбор, чтобы переломить общественное мнение в пользу вступления Америки в европейскую войну. Рузвельт утверждал, что Америка сражается за демократию и свой образ жизни, но это было совсем не так; война велась для продвижения дела международного социализма к его цели - новому мировому порядку под управлением единого мирового правительства.

Чтобы быть эффективной, пропаганда должна быть направлена на все население, а не на отдельных людей или отдельные группы, цель - привлечь как можно больше внимания. Он не предназначен для личного обучения. Факты не играют никакой роли в пропаганде, которая всегда направлена на создание впечатления. Она должна односторонне, систематически и настойчиво внушать, что то, что говорят правительство, СМИ и политические лидеры - это правда. И она должна быть представлена таким образом, чтобы люди почувствовали, что это их мышление.

Поэтому пропаганда должна быть направлена на массовую аудиторию, где ее послание будет доходить до адресата. Давайте рассмотрим недавний пример такой пропаганды, которая обычно принимается восприимчивой аудиторией. После катастрофы во Всемирном торговом центре президент Буш создал новое правительственное агентство, которое он назвал Управлением национальной безопасности, и назначил директора для руководства этим агентством.

Это звучит очень утешительно и успокаивающе, пока мы не посмотрим на 10 поправку, которая оставляет все полномочия, которые г-н Буш предложил захватить, за отдельными штатами.

Тот факт, что г-н Буш не может отменить Поправку 10, был легкомысленно проигнорирован. Пропагандистский текст говорит, что он может, а поскольку он обращался к массам, они поверили тексту, а не своей Конституции, поэтому эффективная оппозиция этому вопиющему нарушению Конституции, особенно 10-й поправки , была невелика. Буш, похоже, действовал по директиве Сталина:

> "Если вы хотите контролировать народ, начните с террора".

Тех, кто выступал против квазизаконодательства о "внутренней безопасности", называли "непатриотами" и "сторонниками терроризма". Опять же, абсолютный факт, что этот фальшивый закон не является законом вообще и является чистой пропагандой, никогда не подвергался сомнению, но был пассивно принят недумающей публикой. Именно так формируется общественное мнение, и именно оно заставляет законодателей голосовать за "национальную безопасность" или любое другое фальшивое законодательство, как утверждали Бернейс и Липпманн в самом начале работы "Дома Веллингтона". Законодатели голосуют по партийному принципу, как в британской парламентской системе, и не голосуют на основе Конституции США. Они знали, что, выступая против президента, они имели все шансы потерять удобную работу на следующих выборах или быть опороченными коварным человеком из "администрации".

Америка - это не "родина", а 50 отдельных и самостоятельных штатов. В любом случае, слово "родина" взято прямо из Коммунистического манифеста. Поскольку конечной целью правительства является установление нового мирового порядка, международного коммунистического правительства, выбор этого слова для названия коммунистического законодательства не должен нас удивлять.

Право контролировать образование, социальное обеспечение и полицейские полномочия принадлежит штатам, где оно всегда и находилось, и оно не было отнято у штатов во время заключения договора. Ни президент Буш, ни Палата представителей и Сенат не имеют полномочий изменить это положение, что и предложило сделать вновь созданное управление. Только благодаря постоянной, систематической и многократной пропаганде население штатов согласилось с этим вопиющим нарушением Конституции США.

Пропагандистский барабанный бой продолжился многочисленными статьями о биографии и опыте "директора национальной безопасности", его работе и т.д., но нет ни слова о вопиющей неконституционности нового департамента. От вас не ускользнет, что само название: "Национальная безопасность" - это ловкая пропаганда. Народ теперь убежден, что новое агентство не только конституционно, но и необходимо. Массу людей теперь успешно "контролируют" (промывают мозги).

Те, кто хочет изучить этот вопрос, а не просто посмотреть вечерние новости CBS, найдут нечто совершенно иное между рассказом независимого комментатора и сообщениями прессы. Как всегда, этот человек будет в меньшинстве, поэтому его или ее мнение, даже если оно будет высказано, не изменит цели и намерения создания нового агентства. Я скажу вам, что Конституция США и конституции 50 отдельных штатов запрещают США иметь какой-либо центральный механизм федерального надзора, навязанный им. Законопроект "О национальной безопасности" - это пародия, потому что он разрушает республиканскую форму правления, предоставленную первоначальным штатам в 10 поправке, которую нельзя отнять.

Таким образом, так называемый Закон о национальной безопасности не имеет юридической силы и вообще не является законом. Тем не менее, промытые мозги и, следовательно, манипулируемые жертвы Тавистока будут подчиняться ему, как закону.

Одним словом, Агентство национальной безопасности является фикцией и не может быть принято в качестве закона. Ни одна антиконституционная мера не может быть принята, и Конгресс обязан немедленно отменить "закон", который незаконно привел к принятию законов "О Родине" и "Патриот". Необходимо помнить, что пропаганда и массовое промывание мозгов всегда должны рассматриваться в зависимости от цели, которой они служат. В этом случае она убеждает население, что свободой нужно пожертвовать в обмен на "защиту". Генри Клей, величайший из когда-либо живших конституционалистов, назвал эту уловку "доктриной необходимости, доктриной ада" и решительно осудил подобные попытки.

H. V. Дикс преподавал в Тавистоке. Он заявил, что индивидуальные права должны быть принесены в жертву ради всеобщего блага! Это включает в себя меру, нарушающую высший закон страны! Это должно быть принято, потому что это на благо всех! Лучше всего это объясняется пропагандой и промыванием мозгов, которые сопровождали отчаянные попытки президента Рузвельта вовлечь Соединенные Штаты в продолжающуюся войну в Европе через Японию.

Когда произошла ожидаемая атака на Перл-Харбор (Рузвельт знал день и время, когда она произойдет), он объявил в речах, написанных для него Тавистокским институтом, что американский народ будет бороться за самые высокие и благородные цели, за защиту нации, за защиту свободы и за будущую безопасность и благополучие нации. Как обычно бывает в таких случаях, факты говорили о совершенно иных целях.

Рузвельт не говорил, что американский народ идет на войну, чтобы сражаться за продвижение международного социализма и за цели Нового мирового порядка -

установление международного коммунизма при едином мировом правительстве.

Американскому народу говорили, что Германия намерена поработить весь мир. Это очень хороший ответ, потому что даже самые малообразованные люди знают, что рабство - это одна из худших судеб, которые могут быть уготованы человечеству. Введя слово "рабство", мы задели за живое.

И снова пропаганда не имеет ничего общего с фактами. Вдумчивые люди, не подверженные пропаганде, должны были понять, что такая маленькая страна, как Германия, не могла поработить весь мир, даже если бы захотела. Ресурсов и рабочей силы просто не было. Германия не обладала огромным военно-морским флотом, необходимым для того, чтобы сделать такое нападение на Соединенные Штаты реальной возможностью.

Организаторы войны с самого начала понимали, что для поддержания темпов потребуется постоянная пропаганда. Вице-президент Чейни следовал тому же принципу в течение нескольких недель, предшествовавших нападению США на Ирак; он искажал факты, распространял серию "речей страха" и искажал разведывательную информацию в угоду своим целям. Никто не работал усерднее Чейни, чтобы война с Ираком не была предотвращена в последнюю минуту.

Для Рузвельта было важно привлечь внимание масс к "проблемам" и сделать их известными народу, отсюда бесконечные сообщения в прессе, "кинохроника", которую снова и снова показывали в кинотеатрах, и бесконечные речи политиков, промывающие мозги.

Пропаганда должна быть представлена в таком виде, который легко понять самому низкому уровню интеллекта в нации, например, плакаты с изображением рабочих на заводах по производству боеприпасов, верфях, заводах по сборке самолетов, работающих в "тылу" для "военных усилий" и т.д.

После трагедии ВТЦ многое из этого типа массовой пропаганды по промыванию мозгов было возрождено: "Америка на войне", "линия фронта", "и свалки боеприпасов", "позиции вражеских войск" появились в субтитрах почти на каждом телеэкране.

Тот факт, что США не находились в состоянии войны, поскольку война не была объявлена, и что не было никаких вражеских "войск", кроме слабо структурированных партизанских групп, был, конечно, опущен.

Словари определяют войска как "совокупность солдат; армия, обычно во множественном числе". У талибов не было армии, а значит, и войск. Более того, война не может быть объявлена против "терроризма", "большевизма" или любого другого "изма". Согласно Конституции США, война может быть объявлена только против суверенных государств.

Война может быть объявлена только стране или определенной нации людей, живущих в этой стране. Все остальное - тавистокский бред, поданный на блюдечке, украшенном развевающимися флажками и сопровождаемый боевой музыкой. Говорить, что США воюют с Талибаном, - верх обмана. Чтобы находиться в состоянии войны, необходимо предварительное объявление войны. Без объявления войны это обман, на самом деле никакой войны нет.

Было добавлено новое измерение. Президент Буш, которому по Конституции США было отказано в праве вести войну и издавать законы, неожиданно получил полномочия, которых не было в Конституции США.

Его стали называть "главнокомандующим", хотя он не имел права на этот временный титул, который может быть присвоен только Конгрессом после полного объявления войны. Этого никогда не было.

Он был мистическим образом "объявлен" обладателем власти, позволяющей объявить любого человека по его выбору "вражеским комбатантом". Тот факт, что такого полномочия нет в Конституции США и оно прямо не подразумевается, ни на секунду не обеспокоил г-на Буша: насколько он понимал, с этого момента он был законом.

Таким образом, незаконный и неконституционный захват полномочий действующим президентом США, который начался с того, что Вудро Вильсон "взял" десять дополнительных полномочий, на которые он вообще не имел права, распространился на Рузвельта, "взявшего" тридцать полномочий, и Буша, захватившего тридцать пять (и более) полномочий, отрицаемых Конституцией США.

Действительно, Соединенные Штаты превратились в беззаконную нацию под руководством экспертов Тавистокского института, чье промывание мозгов американской общественности посредством "внутреннего кондиционирования и дальнего проникновения" сделало все это возможным.

Позвольте мне мимоходом добавить, что британская пропаганда использовала тот же язык лжи против буров в Южной Африке, во время войны, развязанной британцами, чтобы взять под контроль огромные золотые месторождения в этой стране. Британская пресса была полна рассказов о "бурской армии", в то время как у буров не было никакой армии, только партизанские силы фермеров и горожан.

Как и кайзер Вильгельм II в 1913/1914 годах, Пауль Крюгер, богобоязненный патриарх республики Трансвааль, был демонизирован в британской прессе как злобный тиран, жестоко подавляющий черное население, что не имело ничего общего с правдой.

В конце концов, путем серии проб и ошибок в ходе Первой и Второй мировых войн была разработана формула, которая была взята на вооружение и адаптирована для использования в ходе нападения США на Афганистан. Этого было достаточно, чтобы привлечь внимание большей части американского населения, поскольку оно было адаптировано к их психологическому уровню. Уроки, полученные в искусстве пропаганды во время двух мировых войн, были просто перенесены с европейского театра на американский, а затем в Ирак, Сербию и Афганистан.

Промывание мозгов было ограничено самым необходимым, воплощенным в упрощенных лозунгах, дежурных фразах и стереотипных формулах, впервые разработанных лордом Нортклиффом в Веллингтон Хаус в Лондоне в 1912 году. Британскому народу нужно было внушить, что немецкий народ - это "враг". Во всем плохом и жестоком обвиняли немцев, так что масса британцев начала верить, что немцы на самом деле жестокие варвары, которые не остановятся ни перед чем. Плакаты с изображением "фрицевских мясников", убивающих бельгийских женщин и детей, были повсюду.

# ГЛАВА 15

## Роль СМИ в пропаганде

Поскольку СМИ играют огромную роль в пропаганде, возможно, стоит посмотреть, с чего все началось и как получилось, что СМИ в США, практически полностью, стали полностью контролируемым органом пропаганды. Преддверие Первой мировой войны было классической серией событий, в которых общественными деятелями манипулировали, причем самыми страшными нарушителями были британские и американские газеты. Как и во всех войнах, нужно кого-то демонизировать, чтобы привлечь общественность. В 1913 году именно кайзер Вильгельм II из Германии был демонизирован до, во время и после этой ужасной войны.

Одним из главных создателей пропаганды в этот период был лорд Нортклифф, печально известный пресс-барон, родственник Ротшильдов и враг Германии. Нортклифф управлял Веллингтон Хаусом как крупным центром антигерманской пропаганды и питал особую ненависть к Вильгельму II, двоюродному брату королевы Виктории из знаменитой венецианской династии Черных Гельфов.

Нортклифф издевался над Вильгельмом II при каждой возможности, особенно когда кайзер говорил о военной мощи и доблести Германии. Вильгельм был склонен к детскому хвастовству, и большинство европейских правительств знали его как человека, который любит "играть в солдатики" и одеваться в эксцентрично украшенные мундиры. Уильям вовсе не был военным. Как Ротшильда, это раздражало Нортклиффа, который начал "предупреждать", что "место Германии под солнцем", как любил называть это кайзер, представляет опасность для остальной Европы. Тот факт, что это утверждение не имеет под собой никаких оснований, похоже, не беспокоит Нортклиффа, который доводит его до максимума.

Правда в том, что Германия в то время не представляла угрозы, и кайзер не был могучим воином, готовым нанести удар, а скорее человеком, склонным к нервным срывам, три из которых произошли за пять лет, и почти бесполезной иссохшей рукой, которая совсем не создавала образ военного человека. Ближе всего к военному человеку он подошел благодаря своей любви к экстравагантным мундирам. На самом деле Вильгельм II практически не контролировал немецкую армию, о чем Нортклиффу было хорошо известно, но он предпочел проигнорировать этот факт.

В этом кайзер был наравне с британским монархом, королем Георгом V, который не имел контроля над британскими экспедиционными силами. Это не помешало Нортклиффу начать яростную атаку на немецкого кузена королевы Виктории, обвинив его в ответственности за целый список зверств, якобы совершенных немецкой армией, пересекавшей Бельгию. Конечно, немецкое верховное командование совершило ошибку, вторгшись в нейтральную Бельгию, но это было лишь транзитом, и оно не планировало оккупировать страну.

Все это было частью тактического плана похода на Париж с использованием "короткого пути" через Бельгию, чтобы обойти французскую армию с фланга. Умышленное убийство мирных жителей ничего бы не дало, и этот факт подчеркивало немецкое верховное командование. Нортклифф описывал кайзера как "манию величия" с "жаждой мирового господства", которая в любом случае была далеко за пределами возможностей европейского всемогущества. В 1940 году Черчилль обвинил Гитлера в том же стремлении к "мировому господству", хотя он знал, что это не так. Черчилль также сказал, что Гитлер был "сумасшедшим", зная, что его характеристика канцлера была ложной.

Но Нортклифф, не сдержавшись, позаботился о том, чтобы его СМИ постоянно называли Вильгельма II "бешеной собакой Европы".

Веллингтон Хаус воспользовался услугами карикатуриста, который регулярно изображал Вильгельма II в виде бешеной, жадной собаки, существа, похожего на симулянта. Эти никудышные карикатуры были перенесены в форму книги, и пресса вскоре придала им статус абсолютного абсурда. Мультфильмы были сделаны в плохом вкусе и еще более плохо исполнены. Книга была тем, что англичане называют "ужасным пенни".

Продемонстрировав силу прессы, Нортклифф добился того, что СМИ дали восторженные отзывы о книге. Лорда Асквита, премьер-министра, уговорили написать предисловие к тому, что по сути было абсолютным фарсом. Президент Вильсон пригласил "художника", голландца по фамилии Раемакерс, в Белый дом, когда тот совершал турне по США с продажей книг. Как и ожидалось, Уилсон похвалил карикатуриста и дал книге свое благословение.

Даже легендарный журнал *Punch* присоединился к кампании по изображению Уильяма в самом худшем свете. Кажется, ни одна газета не избежала обязанности напечатать поток клеветы, который лился из Веллингтон Хаус. Это была пропаганда в ее самой жестокой форме.

Вскоре это подействовало на людей, которые стали настаивать на том, чтобы кайзер был "повешен", а один министр дошел до того, что заявил, что простит Германию при условии, что все немцы будут расстреляны. Голливуд вскоре присоединился к осуждению кайзера, о котором он ничего не знал. Во-первых, фильм "Мои четыре года в Германии", адаптированный по книге, написанной американским послом в Берлине Джеймсом В. Джерардом. Фильм представлен как фактический отчет о подготовке кайзера к войне. Вильгельм наделен IQ параноидального шестилетнего ребенка и изображен в виде человека, едущего на тягловой лошади. Язвительные описания его инвалидности повторяются сотни раз.

Хуже всего было в голливудской версии этой истории под названием "*Берлинский зверь", в* которой кайзер злорадствовал над убитыми бельгийскими мирными жителями и хихикал над торпедированными кораблями. Все это было неправдой, но эта версия достигла своей цели, породив лютую ненависть к немцам и всему немецкому, которая с поразительной быстротой распространилась в Соединенных Штатах.

Это основа самой худшей пропаганды, которую когда-либо видели, и она неустанно ведется британским правительством не только у себя дома, но и там, где это имеет наибольшее значение, - в Соединенных Штатах. Веллингтон Хаус рассчитывал на то, что Соединенные Штаты одержат победу над Германией на поле боя.

В конце 1990-х годов было лишь вопросом времени, когда масса американского народа поверит в то же самое в отношении Талибана и президента Ирака Хусейна, с которым Талибан не имел никакой связи. (На самом деле, они ненавидели друг друга).

Фундаментальный вопрос: "Были ли талибы в целом и афганский народ отдельно от талибов ответственны за подлый взрыв ВТЦ? "Существуют ли талибы на самом деле? Или Усама бин Ладен - это просто еще один кайзер Вильгельм II? Возможно, через пятьдесят лет мы сможем узнать правду. Тем временем Тавистокский институт разыграл пропагандистскую карту по полной программе, и снова преуспел.

После окончания войны миф о кайзере Вильгельме II продолжал существовать. На самом деле, та же пропагандистская машина, которая демонизировала его до и во время войны, не ослабевала до 13 июля 1959 года, когда исполнилось 100 лет со дня рождения кайзера Вильгельма II, что было отмечено Би-би-си в виде документального фильма о бывшем немецком лидере.

Он рассказывает, как англичан пугали леденящими кровь рассказами о том, что кайзер отрубал мечом руки бельгийским детям, а колонны немецких солдат насиловали женщин в бельгийских деревнях, через которые они проходили, и все это не имело ни малейшего сходства с правдой.

Даже интеллигентные члены британского парламента оказались втянуты в непрекращающийся шквал ненависти, поднятый Нортклиффом и его командой, в которую входили американцы Липпманн и Бернейс. И все же, как бы ни был хорош документальный фильм BBC, в нем не было сделано никаких попыток объяснить, как миф о чудовищном кайзере Вильгельме мог внезапно появиться из ниоткуда, чтобы попасть в заголовки газет?

Точно так же никто не объяснил мне, как Усама бен Ладен внезапно появился на сцене и как он за удивительно короткое время стал злодеем, подобным Кайзеру. Как это произошло?

Это исторический факт, что президент Вильсон провел законопроект о создании Федерального резервного банка через Палату представителей как раз к началу Первой мировой войны. Без бумажных долларов, печатаемых по желанию, вряд ли война состоялась бы. Без бумажных долларов, печатаемых по желанию, вряд ли война состоялась бы.

Как мог кайзер внезапно ожить из карикатурного персонажа, глядящего с тысяч газет, журналов и рекламных щитов? Теперь мы знаем, что он был продуктом огромной пропагандистской машины британского военного министерства, которая оставалась секретной и сегодня. Сегодня эта машина остается такой же секретной, как и в 1913 году, даже если некоторым из нас удалось сорвать часть ее савана.

Наши исследования показали, что Тавистокский институт является местом рождения некоторых из самых гротескных лживых идей, когда-либо созданных и представленных в качестве истины ошеломленной и невежественной широкой публике, жертвам этих особенно умных контролеров сознания.

# ГЛАВА 16

## Научная пропаганда может обмануть избирателей

Подавляющее большинство людей в современном мире наверняка слышали о "берлинском чудовище" и о том, как "союзники" остановили его развязывание в Европе. В последнее время большинство людей также слышали о "Багдадском звере".

Но многие ли слышали имя сэра Гарольда Николсона, выдающегося ученого, чье тщательное изучение сотен тысяч документов в период с 1912 по 1925 год полностью оправдало кайзера Вильгельма II в развязывании Первой мировой войны?

Сколько людей знают об этом? Испытайте их на прочность. Попробуйте выступить на местном ток-шоу и посмотрите, что получится. Итак, более двадцати пяти лет миф о кайзере доминировал в заголовках газет и привел к тому, что миллионы людей в Британии и Америке были настроены против Германии - несправедливое и печальное следствие огромной пропагандистской машины, которая держала британский народ за горло с момента своего открытия в 1913 году. Речь идет о Веллингтон Хаус и его преемнике, Тавистокском институте человеческих отношений.

Самое удивительное в этом мифе - его долговечность. Но цель пропаганды состоит именно в том, чтобы увековечить миф, ложь или дезинформацию, которая сохраняется надолго после того, как правда будет забыта. Японию навсегда обвинят в Перл-Харборе и "Нанкинском изнасиловании", а Черчилля будут вечно превозносить как великого человека, а не жестокого поджигателя войны.

Аналогичным образом, Колин Пауэлл недавно посетил Ирак и сделал заявление, ставшее сенсацией, о том, что Хусейн "травил газом курдов" во время ирако-иранской войны.

Правда в том, что наполненные газом ракеты, упавшие на курдскую деревню, были фосгеном - продуктом, которого нет у Ирака, но который был в арсенале Ирана. Произошло это так: во время иракского наступления иранцы выпустили большое количество ракет, наполненных газом, по иракским позициям, но некоторые из них упали на курдов вдоль границы. Это было подтверждено докладом Военного колледжа США, который полностью оправдал Ирак.

И хотя это обвинение было тщательно опровергнуто, в 2005 году, почти 30 лет спустя, во время тура доброй воли по Малайзии Карен Хьюз, представлявшая президента Джорджа Буша, повторила эту ложь, приукрасив ее утверждением, что "30 000 курдов" были убиты газом "Саддамом Хусейном". Один из представителей общественности оспорил ее заявление, и на следующий день Хьюз была вынуждена отказаться от него, заявив, что она "неправильно выразилась". Расследование этого инцидента показало, что Хьюз действительно поверила в ложь, которую ей повторяли снова и снова президент Буш, премьер-министр Блэр, госсекретарь Колин Пауэлл и министр обороны Дональд Рамсфельд, что должно многое сказать нам о силе пропаганды.

Отчет Военного колледжа был позже подтвержден американскими военными и вторым американским источником. Знает ли мир? Мы сомневаемся в этом. Правда забывается, а ложь продолжается. Поэтому пропаганда Колина Пауэлла против Ирака будет идти по пути пропаганды против кайзера Вильгельма II, снова и снова на протяжении более 100 лет, в то время как правда умерла в тот момент, когда первый пропагандистский взрыв появился в газетах. В этом и заключается ценность пропаганды.

Социологи из Тавистока знают это, и сегодня они могут спрофилировать любую аудиторию так, чтобы она приняла ложь, наиболее подходящую для ее восприятия, не разбираясь в вопросах, стоящих за ней.

Таким образом, была создана "морально правильная" позиция и сильная поддержка нападения на Афганистан. Мало кто из американского народа сомневался в том, соответствует ли то, что делает их правительство в Афганистане, Конституции США. Не было референдума или мандата, подтверждающего или отрицающего согласие народа с политикой администрации Буша в отношении Афганистана.

Пропаганда и промывание мозгов не требуют ордера. Тот факт, что ни один из предполагаемых угонщиков самолетов, использованных против башен-близнецов, не был выходцем из Афганистана, полностью ускользнул от внимания американской общественности, 74% которой по-прежнему верят, что это сделала "Аль-Каида" и что они живут в Афганистане! Такому же проценту американцев промыли мозги, заставив поверить, что талибы и президент Хусейн работали вместе, чтобы привести к этой трагедии! Американский народ не знает, что Саддам Хусейн не имел бы ничего общего с руководством Талибана.

Почему американский народ позволяет обращаться с собой таким образом? Почему они позволяют политикам лгать, мошенничать, вступать в сговор, расходиться, пререкаться, запутывать и постоянно обманывать их? Что мы должны хорошо отметить, так это то, как Вудро Вильсон обращался с американским народом, как с овцами.

Когда Вильсона спросили, почему он держит небольшое стадо овец, пасущихся на лужайке Белого дома, он ответил: "Они напоминают мне об американском народе". У Вильсона было жгучее желание втянуть Америку в Первую мировую войну, и он использовал ложь (пропаганду) Дома Веллингтона против несогласных (основной массы народа), чтобы убедить их изменить свои взгляды.

Рузвельт повторил эту уловку, чтобы втянуть США во Вторую мировую войну с помощью лжи и пропаганды (в основном одно и то же), кульминацией которой стал "успех" Перл-Харбора. Мы видели ту же линию, которую использовал президент Клинтон. До и во время несправедливой войны против Сербии все убеждения Клинтона состояли из лжи и дезинформации.

Неудивительно, что заявления Рамсфельда всегда встречаются с подозрением. На вопрос о том, какую роль играет пропаганда, Рамсфелд простодушно ответил: "Правительственные чиновники, Министерство обороны, этот министр обороны и люди, которые работают со мной, говорят американскому народу правду".

# ГЛАВА 17

## Пропаганда и психологическая война

Список документов правительства США, некоторые из которых находятся в свободном доступе, а некоторые нет, наглядно показывает, насколько контролируемыми стали страны мира (включая США) благодаря использованию широкого спектра методов пропаганды, действующих на различных уровнях.

В лучшем случае я могу лишь упомянуть заголовки и пересказать содержание из-за обширности материала. Я надеюсь, что собранная нами информация пробудит американский народ от апатии и заставит его осознать, насколько он близок к тому, чтобы стать рабом социалистического нового мирового порядка в едином мировом правительстве.

**Официальные определения**: Полезная коллекция терминов и определений, используемых вашингтонским властным истеблишментом. Все без исключения перечисленные здесь программы родились и были разработаны в Тавистоке.

**Социальная наука и вмешательство в политику**: то, что выдается за проектную "помощь развитию", на самом деле может быть опасным манипулированием культурой и социальными отношениями на Юге.

Из-за огромного денежного преимущества, которым пользуются доноры "помощи", они часто могут проводить глубокие психосоциальные исследования целевых групп и эксплуатировать их таким образом, который большинству людей не придет в голову даже в самом страшном кошмаре.

Это типичный пример того, чему Джон Ролингс Риз учил в Тавистоке и что было перенесено во все аспекты американской жизни.

*Shock and Awe: Achieving Rapid Dominance* - это текст Национального университета обороны 1996 года, который стал теорией, лежащей в основе вмешательства США на Ближнем Востоке и войны против Ирака в марте и апреле 2003 года. Согласно тексту, "Шок и трепет" должен стать "неядерным эквивалентом" бомбардировки Хиросимы и Нагасаки в 1945 году.

Согласно руководству по изучению этой ужасной трагедии, теперь уже окончательно зафиксированной,

> "Воздействие этого оружия было достаточным, чтобы превратить как мышление среднего японского гражданина, так и видение лидеров в состояние шока и страха. Японцы просто не могли постичь разрушительную силу одного самолета. Это непонимание создало длительное состояние страха".

Помимо использования массированной огневой мощи в психологических целях, издание также включает в себя углубленное обсуждение пропагандистских операций.

> "Основной механизм достижения такого доминирования - навязать противнику достаточные условия "шока и трепета", чтобы убедить или принудить его принять наши стратегические цели и военные задачи", - утверждают авторы. "Очевидно, что для этого необходимо использовать обман, путаницу, дезинформацию и дезинформацию, возможно, в массовых количествах".

**Психологическая война в бою**: Это полный текст печально известной доктрины "Шок и трепет", опубликованной в 1996 году Национальным университетом обороны в Вашингтоне. Концепция заключается в том, чтобы взять под полный контроль волю противника, а также восприятие и понимание целевых групп населения, буквально лишив противника возможности действовать или реагировать.

Следует отметить, что все эти слова и описания встречаются в учебниках, используемых для обучения студентов, посещающих курсы Джона Роулингса Риза в Бюро психологической войны британской армии, где Роулингс был ведущим теоретиком.

Доктрина "Шок и трепет" описывается как стратегия систематического уничтожения военного потенциала путем истощения, где это необходимо, и использования подавляющей силы, чтобы парализовать, шокировать и в конечном итоге морально уничтожить противника.

**Международная конференция по народонаселению и развитию (МКНР)**: программа действий, представленная на конференции, призывала к массированным пропагандистским усилиям с использованием средств массовой информации, неправительственных организаций, коммерческих развлекательных заведений и академических институтов, чтобы "убедить" людей в развивающихся странах изменить свои предпочтения в отношении рождаемости.

Пересмотренный первоначальный текст, добавленный с учетом мнения представителей развивающихся стран, призывает к тому, чтобы коммуникационные мероприятия доноров "с целью повышения осведомленности или пропаганды определенного образа жизни" маркировались таким образом, чтобы общественность знала об их цели, и чтобы "личность спонсоров была надлежащим образом указана".

Несмотря на эту рекомендацию, которая не накладывает никаких обязательных ограничений на доноров помощи, раздел документа "коммуникация" остается очень опасной и политически взрывоопасной частью повестки дня Нового мирового порядка.

**Проект по коммуникации в области народонаселения**: Агентство США по международному развитию (USAID) влило десятки миллионов долларов в кампанию влияния на "средства массовой информации", которая использует тактику, заимствованную у военных агентов психологической войны. USAID - лишь одно из сотен государственных учреждений США, заключивших контракт с Тавистоком на написание программ.

Фактически, подрядчик, работавший в данном случае в качестве агента USAID, также имел контракт с американскими военными на подготовку учебных пособий по психологическим операциям.

**Enter-Educate: Использование развлечений в качестве пропаганды**: Молодая аудитория, вероятно, будет более уязвима к сообщениям, представленным в контексте "развлечений", чем к другим сообщениям, которые могут вызвать вопросы о легитимности иностранных идей.

Таким образом, развлекательно-пропагандистский подход стал огромной частью международных усилий USAID по контролю численности населения. И снова миллионы долларов ушли в Тависток на программы, которые вели операторы "Enter-Educate".

**Когда пропаганда дает обратный эффект**: Исследование отношения и поведения в области планирования семьи в северной Нигерии в 1994 году. Согласно опубликованному отчету, негативная реакция иллюстрировала

> "противодействие иностранным злоупотреблениям, планированию семьи в целом и спонсируемым США программам планирования семьи в частности".

**Двусторонняя демографическая программа Нигерии**: (документ Госдепартамента США). Основной документ планирования стратегии правительства США по контролю численности населения Нигерии.

Он также используется как важный элемент пропаганды в психологической войне, применяемой в программах правительства США по подрыву латиноамериканских политических движений, антивоенных усилий, движения и низовых политических организаций. Контракт на написание этой программы был заключен с компанией Tavistock.

**Постмодернистская война**: меню ресурсов по политической/психологической войне, тайной деятельности и геноциду.

**Деконцентрация городов и другие тактики**: Содержание этого документа настолько дьявольское, что я не предлагаю его публиковать, по крайней мере, в настоящее время.

**Социальное влияние: пропаганда и убеждение**: - Некоторая полезная справочная информация.

**Психологические операции в партизанской войне**: тактическое руководство ЦРУ для военизированных формирований в Центральной Америке, подготовленное компанией Tavistock. ЦРУ заключило контракт с Тавистоком и тесно сотрудничает с ним.

**Институт анализа пропаганды**: подборка документов, содержащих основные факты о тайных кампаниях влияния. Опять же, институт - это просто информационный центр для данных Тавистока и методов промывания мозгов, которые используются для воздействия на массы.

**Разведывательные бюро США**: Официальные описания и функции правительственных учреждений США, занимающихся сбором или анализом разведывательной информации.

**Секретные правительственные инструкции**: Сборник документов, выступающих за открытость правительства для представителей частного сектора.

**Press Collective**: Источник достоверных исследовательских материалов о международных институтах и их роли как прикрытия для богатых и могущественных государств, которые контролируют их политику. Социологи Тавистока обучили многих руководителей этих учреждений.

**Пропаганда, распространение идей и информации с целью побуждения или усиления определенных установок и действий**: Поскольку пропаганда часто сопровождается искажением фактов и обращением к эмоциям и предрассудкам, ее часто считают неизменно ложной или вводящей в заблуждение. Как указывается в руководствах Тавистока, ключевое различие заключается в намерениях пропагандиста убедить аудиторию принять то отношение или действие, за которое он выступает. Вильсон и Рузвельт являются примерами этого трюизма, оба они были обучены искусству дипломатии путем обмана, как определил Буканин в 1814 году.

# ГЛАВА 18

## Вильсон втянул США в Первую мировую войну с помощью пропаганды

Приемы современной массовой пропаганды, ставшие привычными для американского и британского правительств, в частности, начались с Первой мировой войны (1914-1918 гг.). С самого начала войны немецкие и британские пропагандисты прилагали все усилия, чтобы завоевать симпатии и поддержку американцев. Немецкие пропагандисты обращались к многочисленным американцам немецкого происхождения, а также к американцам ирландского происхождения, традиционно враждебно настроенным к Великобритании, проживающим в Америке. Пропаганда довольно груба по сегодняшним меркам, но отсутствие изящества компенсируется огромным объемом продукции Веллингтон Хаус.

Вскоре, однако, Германия оказалась практически отрезанной от прямого доступа к США. После этого британская пропаганда имела мало конкурентов в Соединенных Штатах и велась более умело, чем пропаганда немцев, у которых не было аналогов Веллингтон Хауса, Бернейса или Липпмана.

Будучи приверженцем войны, Вудро Вильсон организовал Комитет общественной информации, официальное пропагандистское агентство, для мобилизации американского общественного мнения. Этот комитет был очень успешным, особенно в продаже облигаций Свободы. И неудивительно. Его программа была написана Тавистоком для Белого дома и в основном направлялась из Лондона.

Использование союзниками четырнадцати пунктов президента Вудро Вильсона, которые, казалось, обещали справедливый мир как для победителей, так и для побежденных, во многом способствовало кристаллизации оппозиции центральных держав к продолжению войны.

В других частях этой книги мы подробно рассказывали о лжи и искажениях, допущенных Комиссией Брайса, которая остается одним из самых тревожных примеров вопиющей лжи, выдаваемой за правду. Роль, которую играли американцы в Веллингтон Хаус, ведущем мировом центре пропаганды в то время, также объясняется далее в статье.

Пропагандистские аспекты Второй мировой войны были похожи на аспекты Первой мировой войны, за исключением того, что Вторая мировая война, также начатая Великобританией и финансируемая международными банкирами, была более масштабной. Радио играло важную роль, причем "новостные программы" всегда представляли собой смесь фактов и вымысла. Пропагандистская деятельность за рубежом была еще более интенсивной. Тавистокский институт смог применить все ценные уроки, полученные им в 1914-1919 годах, и использовал свой опыт многими новыми способами как в старых, так и в новых странах.

Германия и Великобритания вновь попытались повлиять на американское мнение. Немецкие пропагандисты играли на антибританских настроениях, представляли войну как борьбу с коммунизмом и изображали Германию как непобедимого чемпиона новой волны антикоммунизма. Немецкие агенты также поддерживали движения в США, выступавшие за "изоляционизм" - описательный ярлык, навешиваемый на всех американцев, выступавших против войны с Германией.

Немецкие пропагандистские усилия не могли сравниться ни

с опытом Веллингтон Хаус и Тавистока, ни с ресурсами Британии (тайно получавшей огромные суммы денег от администрации Рузвельта) и снова оказались неэффективными.

О тщательно спланированном нападении на Перл-Харбор Рузвельту, Стимсону и Ноксу было известно за несколько месяцев до фактической атаки.

Этот трюк в декабре 1941 года стал благом для Рузвельта, который отчаянно пытался заставить Соединенные Штаты вступить в войну на стороне Великобритании, поскольку, как только японцы напали на Перл-Харбор, американский народ был убежден пропагандой и откровенной ложью, что агрессором является Германия.

Ужасные предупреждения Линдберга, знаменитого авиатора, и ряда других антивоенных сенаторов о том, что Рузвельту нельзя доверять и что, как и в Первой мировой войне, Соединенные Штаты не должны вмешиваться в войну в Германии, были подавлены пропагандой. Кроме того, "искусственная ситуация" в Перл-Харборе изменила общественное мнение, как Рузвельт и знал. Пропагандистские усилия союзников, исходящие из Тавистока, были направлены на то, чтобы отделить народы стран Оси от их правительств, которые считались единственными виновниками войны. Радиопередачи и бесчисленные листовки с воздуха несли врагу пропаганду союзников.

Официальными пропагандистскими агентствами США во время Второй мировой войны были Управление военной информации (OWI), ответственное за распространение "информации" Тавистока в стране и за рубежом, и Управление стратегической службы (OSS), предшественник ЦРУ и творение Тавистока, ответственное за ведение психологической войны против врага.

В Верховном штабе на европейском театре военных действий деятельность OWI и OSS координировалась с военной деятельностью Отделом психологической войны, возглавляемым социологами из Тавистокского института.

В эпоху холодной войны - острого конфликта интересов между США и Советским Союзом после Второй мировой войны - пропаганда оставалась важным инструментом национальной политики.

Как демократические, так и коммунистические блоки государств пытались путем постоянных кампаний привлечь на свою сторону огромные массы неприсоединившихся людей и таким образом достичь своих целей, не прибегая к вооруженным конфликтам. Все аспекты национальной жизни и политики использовались в пропагандистских целях.

Холодная война была также отмечена использованием перебежчиков, судебных процессов и признаний в пропагандистских целях. В этой информационной войне коммунистические страны изначально имели явное преимущество. Поскольку правительства этих стран контролировали все средства массовой информации, они могли в значительной степени изолировать свое население от западной пропаганды.

В то же время, высокоцентрализованные правительства могли планировать тщательно продуманные пропагандистские кампании и мобилизовать ресурсы для осуществления своих планов. Они также могли рассчитывать на помощь коммунистических партий и сочувствующих в других странах. Демократические государства, с другой стороны, не могли ни предотвратить воздействие коммунистической пропаганды на свое население, ни мобилизовать все свои ресурсы для противодействия ей. Это очевидное преимущество коммунистических правительств было сведено на нет в 1980-х годах с развитием коммуникационных технологий. Неспособность контролировать распространение информации стала основным фактором распада многих коммунистических режимов в Восточной Европе к концу десятилетия. Информационное агентство США (USIA), созданное в 1953 году для ведения пропагандистской и культурной деятельности за рубежом, управляло "Голосом Америки", радиосетью, которая передавала новости и информацию о США на более чем 40 языках во все регионы мира.

# ГЛАВА 19

## Повторяется ли история? Дело лорда Брайса

Пока историки активно выступают в защиту или осуждение войны в Ираке, возможно, пришло время задуматься о виконте Джеймсе Брайсе, очень уважаемом историке, который продал себя и вошел в историю как подтвержденный, гнусный и нераскаявшийся лжец. До своего неудачного вмешательства в дела "Веллингтон Хаус" Брайс пользовался большим уважением как честный историк.

С самого начала Первой мировой войны рассказы о зверствах немцев заполнили британские и американские газеты. Подавляющее большинство из них было подготовлено в Веллингтон Хаус и распространено средствами массовой информации. В большинстве случаев они должны были исходить из рассказов "очевидцев", "репортеров и фотографов", которые сопровождали марш немецкой армии через Бельгию, чтобы обойти французскую оборону на пути к Парижу.

Очевидцы рассказывали, как немецкие пехотинцы закалывали штыками бельгийских младенцев, которые шли рядом и пели военные песни. Истории о том, как бельгийским мальчикам и девочкам ампутировали руки (якобы для того, чтобы они не смогли использовать огнестрельное оружие), многочисленны. Истории о том, как женщинам ампутировали грудь, росли еще быстрее.

Истории об изнасилованиях занимают первое место в чартах

жестокостей. Один свидетель утверждает, что немцы вывели двадцать молодых женщин из их домов в захваченном бельгийском городе и положили их на столы на деревенской площади, где каждую из них изнасиловали не менее двенадцати "гуннов", в то время как остальные члены дивизии смотрели и аплодировали. За счет Великобритании группа бельгийцев совершила турне по Соединенным Штатам, чтобы рассказать эти истории.

Президент Вудро Вильсон торжественно принял их в Белом доме. Их история ужаснула Америку. Никто не подумал проверить их рассказ об изнасиловании, свидетелями которого они стали. Их рассказы о жестокости, которой они подверглись, никогда не подвергались сомнению.

Немцы гневно отрицали эти истории. Так же как и американские репортеры в немецкой армии. В 1914 году Вильсон еще не "управлял" репортерами на поле боя, в отличие от Джорджа Буша во время вторжения в Ирак в 2002 году. В британской армии не было "внедренных" репортеров. В Тавистоке еще не научились цензурировать правду, "внедряя" в войска избранных журналистов.

Когда в Англии стали появляться депеши от британских журналистов, в которых ставились под сомнение "зверства", Нортклиффу пришла в голову идея назначить лорда Брайса главой комиссии по расследованию, которая должна была изучить рассказы о немецких зверствах и представить ему отчет. На самом деле, это предложение исходило от Эдварда Бернейса и было одобрено Уолтером Липпманом.

Затем, в начале 1915 года, британское правительство сделало это официально, попросив виконта Брайса возглавить Королевскую комиссию для расследования сообщений о зверствах. Брайс был одним из самых известных историков того времени, написав высоко оцененные книги по американскому правительству и ирландской истории, с сочувствием описывая тяжелую судьбу ирландского народа под британским правлением. В 1907 году он в сотрудничестве с англо-ирландским дипломатом Роджером Кейсментом разоблачил чудовищную эксплуатацию индейских народов Амазонки британской каучуковой компанией.

С 1907 по 1913 год он был послом Великобритании в Вашингтоне, где стал популярной, даже обожаемой фигурой.

Трудно было бы найти более почитаемого ученого с устоявшейся репутацией честного и добросовестного человека. Брайс и шесть его коллег, членов комиссии, состоящей из выдающихся юристов, историков и правоведов, "проанализировали" 1200 заявлений "очевидцев", которые утверждали, что видели все виды зверского поведения немцев.

Почти все свидетельства были получены от бельгийских беженцев в Англии; были также некоторые показания бельгийских и британских солдат, собранные во Франции. Но члены комиссии не опросили ни одного из этих непосредственных свидетелей; эта задача была возложена на "джентльменов с юридическими знаниями и опытом" - адвокатов. Поскольку предполагаемые преступления происходили в зоне боевых действий, расследование на месте по имеющимся сообщениям не проводилось.

Ни один свидетель не был идентифицирован по имени; члены комиссии заявили, что в случае с бельгийцами это было оправдано страхом перед немецкими репрессиями против их родственников. Но британские солдаты-свидетели остались такими же безымянными без видимых причин. Тем не менее, в своем вступлении Брайс утверждал, что он и его коллеги по комиссии подвергли доказательства "серьезной проверке". Никто не подозревал, что военных свидетелей вообще нельзя "проверять", тем более сурово. Никаких причин для такой серьезной ошибки не было названо, и то, что Тависток с тех пор называет не ложью, а "ложным заявлением".

Отчет Брайса был опубликован 13 мая 1915 года. Британский штаб пропаганды в Веллингтон-хаус, расположенный недалеко от Букингемского дворца, позаботился о том, чтобы оно было разослано практически во все газеты Америки. Воздействие было ошеломляющим, как ясно из заголовка и подзаголовков газеты "*Нью-Йорк Таймс*".

> *ЗВЕРСТВА НЕМЦЕВ ДОКАЗАНЫ КОМИССИЕЙ БРАЙСА*
>
> *Не только отдельные преступления, но и преднамеренная резня в Бельгии*
>
> *ИСКАЛЕЧЕННЫЕ МОЛОДЫЕ И СТАРЫЕ*
>
> *Нападения на женщин, жестокие убийства детей, систематические поджоги и грабежи.*
>
> *УТВЕРЖДЕННЫЕ ДОЛЖНОСТНЫМИ ЛИЦАМИ*
>
> *Беспричинная стрельба по Красному Кресту и Белому флагу: расстреляны пленные и раненые*
>
> *ГРАЖДАНСКИХ ЛИЦ, ИСПОЛЬЗУЕМЫХ В КАЧЕСТВЕ ЩИТА.*

27 мая 1915 года агенты Дома Веллингтона в Америке сообщили в Лондон о результатах своей масштабной пропагандистской инициативы:

> "Даже во враждебных союзникам газетах нет ни малейшей попытки поставить под сомнение точность утверждаемых фактов. Престиж лорда Брайса в Америке исключает скептицизм".

Чарльз Мастерман, глава Веллингтон Хаус, сказал Брайсу:

> "Ваш доклад облетел всю Америку".

Среди немногих критиков отчета Брайса - сэр Роджер Кейсмент. "Достаточно обратиться к Джеймсу Брайсу, историку, чтобы осудить лорда Брайса, партизана", - пишет Кейсмент в яростном эссе *"Далеко простирающаяся ужасная сила лжи"*.

К этому времени Кейсмент стал убежденным сторонником независимости Ирландии, поэтому мало кто обратил внимание на его инакомыслие, которое было отвергнуто как предвзятое.

Кларенс Дэрроу, знаменитый иконоборческий американский адвокат, специализировавшийся на оправдании очевидно виновных клиентов, был еще одним скептиком. Он отправился во Францию и Бельгию в конце 1915 года и тщетно искал хоть одного очевидца, который мог бы подтвердить хотя бы один из рассказов Брайса. Все более скептически настроенный Дэрроу объявил, что он заплатит 1000 долларов - очень большую сумму в 1915 году, которая сегодня превышает 17 000 долларов - тому, кто сможет представить бельгийского или французского мальчика, чьи руки были ампутированы немецким солдатом, или единственного ребенка любого пола, который был заколот штыком немецкими войсками.

Ни одна "жертва" не явилась за вознаграждением, хотя Дэрроу потратил значительную сумму собственных денег на широкую рекламу.

После войны историки, пытавшиеся изучить документы, связанные с рассказами Брайса, узнали, что файлы таинственным образом исчезли. Ни один государственный чиновник или департамент не предложил начать поиск "пропавших" документов.

Этот вопиющий отказ подвергнуть "серьезно проверенные" документы новому, абсолютно беспристрастному испытанию привел к тому, что большинство историков отвергли 99% злодеяний Брайса как выдумки. Один историк сказал, что этот доклад "сам по себе является одним из самых страшных злодеяний войны". Более поздние исследования пересмотрели процент выдумок в отчете Брайса в сторону уменьшения, поскольку выяснилось, что несколько тысяч бельгийских гражданских лиц, включая женщин и детей, очевидно, были расстреляны немцами летом 1914 года, и что Брайс более или менее точно описал некоторые из худших эксцессов, например, казни в городе Динант.

Но даже эти специалисты того времени признают, что отчет

Брайса был "серьезно загрязнен" изнасилованиями, ампутациями и проколотыми младенцами. Они объясняют эту серьезную ошибку истерией и яростью войны.

Это равносильно тому, чтобы дать Брайсу поблажку. Количество исправлений, которые пришлось сделать критикам докладов Дэрроу, составило менее одного процента и не очистило Брайса. Как было отмечено в то время, 99% отчета комиссии Брайса было ложью. Переписка между членами комиссии Брайса сохранилась после "исчезновения" документов; она свидетельствует о серьезных сомнениях по поводу рассказов об увечьях и изнасилованиях. Эти серьезные сомнения никогда не распространялись в Британии и Америке так, как отчеты о жестокости Веллингтон Хаус. Один из секретарей комиссии признался, что получил много английских адресов бельгийских женщин, которые якобы забеременели в результате изнасилования немцами, но, несмотря на интенсивные поиски, он не смог найти ни одной из них в списке.

Даже громкая история о том, как член парламента укрывал двух беременных женщин, была признана мошеннической. Брайс, очевидно, отмахнулся от этих негативных свидетельств, как это неоднократно делали Буш и Блэр, когда в редких случаях несколько журналистов делали свою работу и задавали неудобные вопросы.

Ученый лорд Брайс должен был знать - и почти наверняка знал, - что истории о пронзенных кольями младенцах, изнасилованиях и отрезанных грудях убитых женщин были классическими баснями "ненависти к врагам", восходящими к сотням лет, как и групповые изнасилования на полях и площадях.

Даже беглое изучение кампаний Наполеона в Европе показывает сотни подобных "зверств", лишь малая часть из которых была доказана.

Брайс, эрудированный, пользующийся широким доверием историк с репутацией честного человека, должен был отвергнуть подобные измышления. Он, конечно, знал, что подавляющее большинство историй о "зверствах" исходило из Веллингтон Хаус (предшественника Тавистокского института). Вместо того, чтобы изучить их происхождение и отбросить как пропаганду, Брайс объединил их все вместе в "отчете", охарактеризованном как фактический, а затем выступил с общим осуждением немецкой армии и народа. Это напоминает Дж. У. Буша и его общую классификацию, согласно которой все население нескольких мусульманских государств принадлежало к "Оси зла".

Почему Брайс не отбросил эти измышления и не сосредоточился на немецких казнях мирных жителей? Как мы уже говорили, он знал, что большинство "инцидентов" были продуктами Веллингтон Хаус; и если бы он сделал это, то открыл бы очень деликатную тему, а именно широкое использование британским правительством пропаганды.

Есть важная причина, по которой Брайс предпочел отказаться от почетного пути, чем запятнать свою репутацию: большой процент бельгийской армии в 1914/15 годах составляли "домашние гвардейцы", которые не носили никакой формы, кроме значка, приколотого к рубашке или шляпе. Немцы, отчаянно пытавшиеся выиграть войну на Западе до того, как русская армия вторгнется на линии, которые они с трудом удерживали на Востоке, были измучены этими, казалось бы, гражданскими бойцами и не испытывали к ним никакой жалости.

Тот факт, что немецкая армия имела право открыть ответный огонь по гражданскому населению или даже инициировать его, в соответствии с правилами ведения войны Женевских конвенций, действовавших в то время, никогда не упоминался в прессе.

Дело в том, что в 1915 году "партизаны", вплоть до 1945 года, были легкой добычей. Гражданским лицам, даже с приколотыми к шляпе значками, не разрешалось стрелять в солдат в форме, и они не имели права на защиту. Да, так гласят правила ведения войны в Женевских конвенциях, и лорд Брайс и его комиссары это знают. Об этом важном факте также не трубили по всей Англии и Америке в манере пропаганды, которая успешно завладела сердцами и умами британского и американского народов.

Некоторые немецкие полевые командиры явно потеряли рассудок и проводили чрезмерные репрессии против целых городов, таких как Динант.

Но можно было организовать какую-то защиту, даже для этих людей. Последовавшие за этим дебаты о том, что разрешает Женевская конвенция, заставили бы читателей газет зевать. Они хотели того, что давал им Брайс - крови и похоти, изнасилований и ужасов, совершаемых немецкими "зверями" ("боше") против женщин, маленьких детей и "безоружных гражданских лиц". Им нужны были доказательства того, что немецкий "гунн" был варваром, диким зверем. И если бы общественность не была обманута, Веллингтон Хаус и военные усилия британского правительства оказались бы в большом затруднении.

Отчет Брайса, несомненно, помог Британии выиграть войну. Она, несомненно, повлияла на американское общественное мнение и убедила миллионы американцев и других нейтралов - она была переведена на 27 языков - в том, что немцы являются отвратительными чудовищами в человеческом обличье. Никто, кроме нескольких "предвзятых" сторонних наблюдателей, таких как сэр Роджер Кейсмент и Кларенс Дэрроу, никогда не обвинял лорда Брайса в злобной лжи, которую он распространял по всему миру. Ни один справедливый человек никогда не сможет простить Брайса за то, что он скомпрометировал себя таким образом.

Все это время Веллингтон Хаус оставался на заднем плане - мало кто знал о его существовании, не говоря уже о его жизненно важной роли, но он выполнял важную работу и совершенствовал технику промывания мозгов. Что касается Брайса, то он сошел в могилу, обвешанный королевскими и академическими почестями, лжец высшего порядка, клеветник с кровью миллионов на руках, блестящий негодяй, вор, укравший правду у публики, имеющей право знать ее, и сумевший избежать разоблачения, разоблачения и полного осуждения, которое было повсеместно возложено на Иуду Искариота.

Благодаря столетней ретроспективе мы должны относиться к этому человеку гораздо более сурово. Отчет Брайса имел четкую связь с решением Великобритании поддерживать блокаду Германии в течение семи месяцев после перемирия 1918 года, что привело к голодной смерти около 600 000 старых и очень молодых немцев, как часть плана по ослаблению Германии до такой степени, чтобы она больше никогда не представляла "угрозы" для "союзников".

Пропагандистская ложь Веллингтон-Хауса о немецкой армии была, безусловно, самым большим злодеянием Первой мировой войны и породила в каждом немце жажду мести. Создав слепую ненависть к Германии, Брайс посеял зубы дракона Второй мировой войны.

# ГЛАВА 20

## Искусство успешной лжи: Война в Персидском заливе 1991 года

В этом контексте то, что мы увидели во время войны в Персидском заливе в 1991 году, было достаточно леденящим душу, чтобы напомнить нам о происхождении темного искусства лжи лорда Брайса и о том, каким врожденным и сознательным лжецом он стал. Она также напомнила нам о том, как Веллингтон Хаус, а затем Тависток окончательно закрепили использование промывания мозгов в качестве инструмента войны. Это был один из решающих факторов, побудивших меня написать эту книгу и разоблачить Тависток и его злое и глубоко вредоносное влияние.

Во время войны в Персидском заливе Министерство обороны США закрыло доступ ко всем средствам массовой информации и назначило своего пресс-секретаря, который изложил свою грубо искаженную версию событий в телевизионных передачах. Я прозвал этого парня "Пентагон Пит", и он беззаботно говорил о "сопутствующем ущербе", новой фразе Тавистока, использованной впервые. Потребовалось много времени, чтобы общественность поняла, что это означает: человеческие потери, смерть людей и разрушение имущества.

Затем у нас был перерыв, когда CNN разрешили войти и сообщить об успехе противоракетной обороны Patriot в сбивании иракских SCUD, что оказалось еще одним базовым пропагандистским упражнением. По данным CNN, каждую ночь сбивалось не менее одного SCUD, атаковавшего

Израиль. Только *World In Review* в середине войны сообщил, что ни одна ракета SCUD не была сбита. Никто не осмелился сообщить, что в общей сложности 15 SCUD ударили по Тель-Авиву и другим районам Израиля. Дезинформация и дезинформация преобладали. Только WIR сообщал правду, но при небольшой читательской аудитории это не имело значения для пропагандистов.

Затем было гигантское мошенничество, совершенное против американского народа одной из крупнейших вашингтонских PR-фирм, Hilton and Knowles.

Опять же, только WIR показал, что эпизод с иракскими солдатами, которые вырывали кувейтских новорожденных из инкубаторов и бросали их на пол, был грубой ложью. Интересно отметить, что, как и Бентон и Боулз, Хилтон и Ноулз имели давние связи с Тавистокским институтом. Обе компании были ведущими "рекламными" агентствами.

Сплетни Хилтона и Ноулза, слезно пересказанные "очевидцем" (который оказался дочерью-подростком кувейтского посла семьи Аль-Сабах в Вашингтоне), - вот что повлияло на то, что Сенат нарушил Конституцию США и "дал" Бушу-старшему "разрешение" напасть на Ирак, несмотря на то, что такого положения в Конституции США не существует. Хотя Буш-старший может сказать: "Я этого не знал, я не нанимал Хилтона и Ноулза", он явно знал все о ключевом пропагандистском перевороте, совершенном против американского народа. Никто никогда не поверит, что он не узнал шестнадцатилетнюю дочь кувейтского посла, с которой встречался раньше.

Кувейтский посол заплатил Хилтону и Ноулзу 600 000 долларов США за организацию этого изощренного мошенничества перед Сенатом, за что его следовало бы арестовать за ложь сенатскому комитету. Самое обидное, что девушка также осталась безнаказанной за свою роль в слезном рассказе о пережитом: "Я видела, как иракские солдаты вырывали новорожденных из инкубаторов и бросали их на пол", - плакала она.

Дело в том, что Нарита Аль Сабах не ступала нога человека в Кувейте в течение многих лет, и уж точно не во время войны! Она была в Вашингтоне вместе с отцом, в резиденции посла в Вашингтоне. Тем не менее, этот ребенок и ее отец не были привлечены к ответственности. Это то, что эксперты по пропаганде из Тавистока называют "успешным воспроизведением событий". Показания Нариты Аль Сабах стали центральным элементом огромной кампании в средствах массовой информации Америки и, как известно, повлияли не только на Сенат, но и склонили американский народ на сторону войны против Ирака.

Буш-старший предался старой пропаганде, заявив всему миру, что "Саддам" должен быть удален из Ирака, "чтобы сделать Ближний Восток более безопасным". (Помните, что Вильсон послал американские войска на смерть во Франции, чтобы "сделать мир безопасным для демократии"). Буш-старший внезапно начал очернять и демонизировать иракского президента в интересах своих друзей из нефтяного картеля, и, как и в случае с кайзером в 1913 году, это сработало.

Мало кто помнит уловку Вильсона, иначе они могли бы заметить поразительное сходство между тем, что сказал президент Буш, тем, что Брайс сказал Вильсону, и тем, что Вильсон сказал американскому народу в поддержку Первой мировой войны. Теперь, когда о Хусейне практически забыли, а все угрозы, которые он мог представлять, были отвергнуты как ложь, мы должны беспокоиться об "Аль-Каиде".

Вудро Вильсон использовал откровенную пропаганду, когда говорил неохотно идущему американскому народу, что война "сделает мир безопасным для демократии". Буш занимался таким же откровенным обманом. Цена за то, чтобы сделать мир "безопасным для демократии", была ужасающей. По данным профессора Уильяма Лангера, число известных погибших в Первой мировой войне составляет 10 миллионов солдат, мужчин и женщин, и 20 миллионов раненых. Только Россия потеряла 9 миллионов человек, или 75% своей армии. Общая стоимость войны в долларах оценивается в 180 миллионов долларов, к которым следует добавить косвенные расходы в размере 151 612 500 000 долларов.

# ГЛАВА 21

## Солдатский мемориал и кладбища Первой мировой войны

В середине 2005 года стоимость войны Буша с Ираком составляла около 420 миллиардов долларов, и семья Бушей хочет получить еще больше денег на свое злополучное предприятие. И зная американский народ и его незадачливых, бессильных, но бесполезных представителей в законодательных органах, Буш получит то, что хочет.

Цифры стоимости Первой мировой войны в долларах ничего не говорят о боли и страданиях, причиненных Америке нарушителем Вильсоном. Мы помещаем здесь недавнюю статью, которая придает личный и пронзительный оттенок ужасным потерям в той кошмарной войне.

> "Несколько недель назад я со своей семьей посетил Мемориальный музей солдата в самом центре Сент-Луиса. Это огромное и глубоко впечатляющее здание, посвященное в 1936 году президентом Рузвельтом как мемориал 1075 мужчинам из Сент-Луиса, погибшим в Первой мировой войне. Мемориал до боли красив, весь в мозаике и мраморе, с полами из терраццо и резьбой по бедфордскому камню. В его центре возвышается огромный кенотаф из черного гранита, покрытый именами сотен погибших, расположенных аккуратными рядами".
>
> "В тот день, когда мы посетили это удивительное, но полное призраков место, оно казалось совершенно пустым. Если в нем не было посетителей, то он был полон духами, голосами и лицами бледных, курчавоволосых мальчиков в аккуратной форме, которые 86 лет назад покинули Сент-Луис, чтобы сражаться в славной войне так далеко в

далекой стране, мальчиков, которые никогда не вернулись домой.

Острота этого события была тем сильнее, что мы ежедневно переживаем последствия нынешнего конфликта, кровавой и жестокой войны в Ираке. Мы каждый день читаем о мальчиках, которые никогда не вернутся домой".

"Больше всего меня поразило то, что, когда я ходила по мемориалу и музею, держа на руках свою новорожденную дочь, он был похож на многие мемориалы, которые я посещала в своей стране, Шотландии. Он также был похож на мемориалы, которые я посетил во Франции, Англии, Канаде и Новой Зеландии, и на мемориалы почти во всех других странах, пострадавших от кровавой бойни Первой мировой войны".

"Почти в каждой стране, пострадавшей от кровавой бойни Первой мировой войны, так называемой "войны, положившей конец всем войнам", мужчины спешили вступить в армию и шли на войну с большим энтузиазмом. Они верили, что это будет короткая, острая и успешная война, ведущаяся по веским причинам и славная для победителей. Они верили, что строят лучший мир".

"Они ошибались. В течение четырех с половиной лет Первой мировой войны каждый день погибало в среднем 5500 человек; это примерно четыре человека в минуту, каждую минуту, в течение четырех с половиной лет, пока не погибло 10 миллионов человек. Первая мировая война не просто уничтожила жизни людей; она разрушила уверенность в прогрессе, процветании и разумности цивилизованных людей, которая стала столь характерной для девятнадцатого века. Война уничтожила большую часть следующего поколения, которое могло бы обеспечить лидерство для Европы...".

"И сегодня утром, когда я держу на руках свою маленькую дочку и читаю ежедневные сообщения об эскалации насилия в Ираке, где по-прежнему гибнут британцы, иракцы и американцы, солдат Сент-Луиса - мемориал войны, которую никогда не следовало вести - преследует меня, а их призраки преследуют мемориал. Это была худшая из всех катастроф, война, которую никогда не

> следовало начинать, - преследует меня".
>
> "Неоконсервативным мозгам" в администрации США не мешало бы посетить подобные места и хорошенько подумать об уроках таких мемориалов, прежде чем начинать войну на Ближнем Востоке, которая уже убила невероятное количество людей и наверняка убьет еще больше, прямо и косвенно.
>
> (Автор - профессор д-р Джеймс Лахлан Маклеод, доцент истории, Университет Эвансвилла, штат Индиана).

Мой опыт совпадает с опытом профессора Маклеода. Я побывал на полях сражений в Вердене и Пашендейле, где произошла основная часть бойни, о которой он так красноречиво рассказывает. Я попытался представить себе 10 миллионов солдат, погибших такими молодыми, ужас, ужас и горе, которые они испытали, и безутешное горе тех, кого они оставили после себя. Когда я стоял в угасающем полуденном свете на одном из многочисленных военных кладбищ Франции и смотрел на тысячи и тысячи аккуратных белых крестов, пересекающих военные кладбища, меня охватил гнев, а затем меня охватила скорбь, настолько сильная, что, клянусь, я слышал крики и страшные вопли мертвых, требующих справедливости, так жестоко убитых в расцвете сил, и мне казалось, что я вижу их лица, отраженные в облаках.

Это был мистический опыт, который я никогда не забуду, как и опыт британского офицера, посетившего эти поля сражений в 1919 году:

> Вчера я посетил поля сражений последних лет. Место было едва узнаваемо. Вместо истерзанной снарядами пустыни на земле был сад из диких цветов и высокой травы. Самым примечательным было появление нескольких тысяч белых бабочек, порхающих вокруг. Казалось, будто души погибших солдат пришли, чтобы преследовать место, где пало так много воинов. Было жутко смотреть на них. И тишина! Было так тихо, что я почти слышал трепетание крыльев бабочек. (Из материалов Британского военного музея в Лондоне)

Мое сильное чувство возмущения заставило меня твердо решить узнать все, что я мог, об ужасной войне, которая началась с массированной пропаганды, бича современного мира. Это стало еще одной решающей причиной для написания этой книги и разоблачения зла Тавистока. Сэр Роджер Кейсмент считал, что лорда Брайса следовало повесить за измену, и я думаю, что Вильсона должна была постигнуть аналогичная участь, что помешало бы Рузвельту и Черчиллю ввергнуть мир во второй раунд кровавой бойни. Пропаганда взяла верх, и западный цивилизованный мир был потерян.

Мир, который мы знали, мир, созданный западной цивилизацией, исчез. Мрачные предсказания Шпенглера сбылись. На месте нашего западного цивилизованного мира мы скоро увидим страшное здание нового единого мирового социалистического коммунистического правительства, вырисовывающееся во тьме долгой ночи впереди.

Нет сомнений в том, что Первая мировая война была спровоцирована Великобританией и ее союзником, Соединенными Штатами Америки, при помощи Веллингтонского дома. Война не могла бы состояться без активной пропаганды, которую вели эти темные силы. Имя лорда Грея, его главного архитектора, войдет в историю как бесчестного политика и предателя своего народа.

Нет единого мнения о том, почему Великобритания спровоцировала Первую мировую войну. Но к 1916 году немецкая армия нанесла самое решительное поражение французской и британской армиям. На Вильсона оказывалось сильное давление с целью отправки американских войск в Европу. Поэтому Веллингтон Хаус начал тотальную пропагандистскую войну против американского народа, но она была неэффективной до публикации отчета Брайса.

Невозможно понять, что происходит в Ираке, если не оценить в полной мере ужасную пропаганду, развернутую против британского и американского народа в 1913 и 1940 годах. Это была одна из самых мрачных и подлых глав в истории, когда Вильсон разглагольствовал о "справедливой войне", "войне, которая положит конец всем войнам", войне, которая "сделает мир безопасным для демократии". Целью войны было обеспечение безопасности торговли, особенно для Великобритании и Франции, которым теперь угрожала немецкая промышленность.

Но это были просто слова, которые скрывали его истинное намерение и не имели смысла в данном контексте, именно то, что можно ожидать от политика. Такую ерунду можно найти на рекламном щите.

Речь Вильсона о том, чтобы "сделать мир безопасным для демократии", была не более чем цветными пузырьками газа. Он предлагал вступить в войну вместе с англичанами, которые в тот самый момент обеспечивали отсутствие народной демократии в империи.

Британцы только что жестоко расправились с бурами в Южной Африке в ходе жестокой войны, длившейся три года. Если Вильсон хотел сделать мир "безопасным для демократии", он должен был вступить в войну с Германией против Англии, агрессора и зачинщика войны.

Вместо того чтобы "сделать мир безопасным для демократии", она обернулась величайшим бедствием, которое когда-либо постигло цивилизованные народы, попавшие в лапы коррумпированных, аморальных и лживых людей, в войне, которую метко назвали "Великой войной". Разумеется, он был "великим" только по своему масштабу и размаху.

Мы никогда не поймем, как Соединенные Штаты стали "единой великой державой", если не признаем грехи Вильсона и британского истеблишмента 100-летней давности. США постоянно вмешиваются в дела других суверенных государств, несмотря на предупреждение Джорджа Вашингтона, и первым примером этого стало наше вступление в Первую мировую войну и провал Лиги Наций. Вильсон в полной мере воспользовался услугами мастеров пропаганды в Веллингтон Хаус, используя этот лозунг как оружие принуждения, и заявил неохотно идущему Сенату, что если они не ратифицируют Лигу Наций, "это разобьет сердце всего мира".

Спасибо сенатору Кэботу Лоджу и ряду сенаторов США, которые после серьезного рассмотрения и размышления в соответствии с Конституцией США отказались ратифицировать договор Лиги Наций, потому что обнаружили, что он направлен на убийство суверенитета США. Используя и злоупотребляя своей склонностью к пропаганде, Вильсон пытался победить, объявив свою кампанию по переизбранию "великим и торжественным референдумом за принятие договора", но, не имея поддержки лорда Брайса, он проиграл и был отброшен в сторону.

К сожалению, не прошло много времени, как пропагандистские паровые катки вернулись обратно, создав обновленную версию Лиги Наций. Трумэн (не простой продавец шляп из Миссури, а мастер-масон) предал американский народ, разрешив создание этого уникального мирового сооружения в США, и Трумэн использовал пропаганду, оставленную Вильсоном, чтобы убедить сенаторов проголосовать за его ложь.

Трумэн заставил американскую нацию заключить договор с дьяволом - дьяволом власти над справедливостью и правдой, справедливости под дулом пистолета. Мы применили эту "справедливость" во Второй мировой войне, массированно бомбя гражданские центры, не обращая внимания на человеческие жертвы, и мы использовали атомные бомбы на Японию, хотя война уже закончилась, как часть пропагандистской уловки "шок и трепет", взятой на вооружение Рамсфельдом в неконституционной войне против Ирака.

# ГЛАВА 22

## Мир не пользуется популярностью

Вторая мировая война развивалась почти по той же схеме, что и Первая мировая война. За заключение мирного соглашения с Гитлером Невилл Чемберлен был немедленно подвергнут мощному пропагандистскому шквалу под руководством Тавистокского института. Чемберлен бросил вызов Комитету 300 и поддержал новичка, аутсайдера, который рассматривался как угроза мировому социализму.

Мир не узнал правду о Чемберлене, о том, что он был способным политиком, решившим избежать новой войны, что он был опытным и разработал справедливый план мира - что, конечно же, не понравилось стервятникам, сидевшим на заборе и ожидавшим пиршества на богатствах народов и нависшим над трупами их сыновей.

Огромная пропагандистская машина, созданная в Тавистокском институте в Лондоне, немедленно начала действовать против Чемберлена после того, как он объявил о своем успешном мирном плане. Шекспир сказал, что "зло, которое совершают люди, живет после них; добро часто хоронят вместе с их костями". То хорошее, что сделал Чемберлен, не устраивало поджигателей войны, и они похоронили это под каталогом пропаганды и откровенной лжи.

Эта ложь была делом рук специалистов по пропаганде, работавших в Тавистокском институте, включая Питера Говарда, Майкла Фута и Фрэнка Оуэна. Один из этих людей, под псевдонимом "Катон", так очернил Чемберлена, что позор, который они прикрепили к его имени, живет и сегодня, в июле 2005 года. Такова сила могущественной пропагандистской машины Тавистока.

Позже, уже после того, как пропагандисты сделали свое дело, британский историк и академик Дэвид Даттон написал книгу *"Невилл Чемберлен"*, в которой дал взвешенную оценку деятельности бывшего премьер-министра.

Чемберлен не был "дурочкой Гитлера" и "дураком", он был прекрасным переговорщиком и очень способным лидером, который доблестно сражался, чтобы избежать новой войны. Но это было против желания Комитета 300. Черчилль получил свою "восхитительную войну", но к 1941 году "союзники" были практически вытеснены с европейского континента с огромными потерями в живой силе. Франция, Бельгия, Голландия и Дания были оккупированы.

Германия предложила Великобритании щедрые условия, но поджигатель войны Черчилль отверг мирные предложения и обратился к своему старому союзнику, Соединенным Штатам, с просьбой предоставить людей, деньги и материалы для продолжения "вкусной войны".

Американскому народу мы говорим с глубокой скорбью:

> "Когда ты когда-нибудь научишься? Когда вы будете отличать пропаганду от достоверной информации? Когда вы подвергнете предложения о войне конституционному испытанию? "

Вильсон был заядлым лжецом и хулителем американской конституции, однако благодаря огромной пропагандистской кампании, организованной, направляемой и поддерживаемой Веллингтон Хаусом, он смог выполнить свою миссию, действуя под знаменем патриотизма, который преодолел активную оппозицию войне. В период между Вильсоном, Черчиллем и Рузвельтом был нанесен огромный ущерб западной христианской цивилизации. Однако, несмотря на этот факт, волна пропаганды продолжает омывать их имена, как бы избавляя их от крови миллионов на их руках.

Вместо того чтобы их очернять, по всей Европе им установлено множество памятников, а в Америке планируется воздвигнуть многомиллиардный памятник Франклину Д. Рузвельту, чье предательство заставило японцев "сделать первый выстрел", как выразился Стимсон Дайри. Перл-Харбор проложил путь для коммунистического контроля над Китаем и, в конечном итоге, путь для нового коммунистическо-социалистического мирового порядка в рамках единого мирового правительства. Наша единственная надежда в этой долине отчаяния заключается в том, что эта работа поможет открыть глаза американскому народу, чтобы он решил никогда больше не поддаваться пропаганде, хотя после трагедии 11 сентября эта надежда кажется напрасной.

Недавно мы получили тревожный опыт того, как нас торопили с ненужной войной в Сербии, Афганистане и Ираке с помощью расширенного пропагандистского инструментария в руках тавистокских пандитов, того же инструмента, который использовался для очернения кайзера и Чемберлена. Президента Милошевича демонизировали, очерняли, принижали и в конце концов отстранили от власти. Президент Милошевич был незаконно арестован и незаконно перевезен в Голландию для "разбирательства" марионеточным судом, который уже почти четыре года пытается осудить его за "военные преступления".

Джордж Буш-младший отказался дать посредникам в Ираке время для работы, потому что знал, что это предотвратит войну. Он отказался дать инспекторам ООН по вооружениям время для завершения их работы и вместо этого заявил, со злым умыслом всех пропагандистов, что мир не может ждать еще десять дней из-за "непосредственной опасности" "оружия массового уничтожения" в руках "иракского диктатора". ("Багдадский мясник").

Таким образом, в очередной раз народ США был охвачен

потоком лжи, распространяемой пропагандистами Тавистокского института и подхваченной американскими СМИ, включая главный американский пропагандистский канал *Fox News*.

Однако на этот раз американцам повезло больше: Нам не пришлось ждать столетия, пока правда выйдет наружу: не было ни "оружия массового поражения", ни "химических и бактериологических заводов", ни ракет дальнего действия, чтобы вызвать "грибовидное облако над Бостоном" (спасибо апологету тавистокской пропаганды и массового промывания мозгов г-же Райс), ни г-на Буша и его сообщника, британского премьера Блэра. Но несмотря на то, что они попали в паутину лжи, все вышеперечисленные остаются на своих постах. Их не уволили за бесчисленную ложь, в которой они клялись, что это правда, и от которой они даже не пытаются откреститься сегодня, игнорируя критику с помощью таких спинмастеров, как Карл Роув и Алаистер Кэмпбелл. Будем надеяться, что справедливость восторжествует, и виновные в трагедии бомбардировок Сербии и Афганистана, а также в необоснованном вторжении в Ирак предстанут перед судом международного правосудия, чтобы ответить за свои преступления.

С полей сражений Европы, Тихого океана, Сербии, Афганистана и Ирака доносятся голоса погибших, сетующих на то, что они погибли из-за того, что "промывание мозгов" победило и пропаганда взяла верх, бич современного мира, просачивающийся из Тавистокского института, как дурные миазмы из сырого, шумного болота, окутывая мир, чтобы ослепить его от истины.

Лорд Нортклифф

Уолтер Липпман

Эдвард Бернейс и
Элеонора Рузвельт

Эдвард Бернейс

## Социальные ученые в Тавистоке

У.Р. Бион

Грегори Бейтсон

R.D. LaingEric

L. Trist. Ученый-социолог из Тавистокского института

.

Леон Троцкий.
Марксистский лидер
(настоящее имя Лев
Бронштейн).

Вилли Мюнценберг.
Блестящий русский
шпион и ведущий
пропагандист

Лорд Нортклифф и Адольф Гитлер.

Уэллс. Британский автор. Ведущий фабианист и агент секретной службы. Написал "*Войну миров*".

Джордж Бернард Шоу. Ирландский драматург и фабианист

Вальтер Ратенау. Ведущий немецкий промышленник. Финансовый советник кайзера Вильгельма II.

Лорд Бертран Рассел. Британский социалист, писатель и старший государственный деятель "300".

Кайзер Вильгельм II Веллингтон Хаус ошибочно назвал немецкого лидера "кровавым мясником".

Королева Виктория была двоюродной сестрой

Король Георг V.

Вудро Вильсон, президент США. Заядлый социалист

Печально известный пропагандистский рисунок, на котором кайзер Вильгельм II стоит над бельгийскими женщинами и детьми, которых он расстрелял. Этот рисунок, а также похожий рисунок, сделанный Веллингтон Хаус, на котором Вильгельм II изображен стоящим над бельгийскими детьми, с меча которых капает кровь из отрубленных рук, были опубликованы в газетах Великобритании и США.

(вверху) Троцкий "смотрит" свои "войска" в Москве. Это одна из сотен пропагандистских фотографий, заполонивших добровольческие западные газеты.

(внизу) Изображение одного из многих страшных рукопашных сражений Первой мировой войны. Жестокость и резня оставили выживших с обеих сторон умственно отсталыми и преследуемыми пережитым.

(1) Шон Хэннити (2) Раш Лимбо

(3) Такер Карлсон (4) Мэтт Драдж

(5) Г. Гордон Лидди (6) Пегги Нунан

(7) Брайан Уильямс (8) Билл О'Рейли

(9) Лоуренс Кудлоу (10) Дик Моррис

(11) Джон Стоссел (12) Уильям Беннет

(13) Оливер Норт (14) Майкл Сэвидж

(15) Майкл Рейган (16) Джо Скарборо

# ГЛАВА 23

## Тавистокский институт: контроль Британии над США

Тавистокский институт человеческих отношений расположен в Лондоне и на территории Университета Сассекса в Сассексе, Англия, где находится большая часть его исследовательской базы. Сегодня Тависток остается таким же важным, как и тогда, когда я открыл его существование в начале 1969 года. Меня обвиняли в принадлежности к "Тавистоку", потому что я работал рядом с его суссекскими учреждениями и был знаком с его историей.

Большая часть более поздней деятельности Тавистока оказала и продолжает оказывать глубокое влияние на то, как мы живем в Америке, и на наши политические институты. Считается, что Тависток стоит за рекламой абортов, распространением наркотиков, содомии и лесбиянства, семейных традиций, яростным нападением на Конституцию, нашим неправильным поведением во внешней политике и нашей экономической системой, запрограммированной на провал.

Кроме Джона Ролингса Риза, ни один человек не влиял на политику и мировые события больше, чем Эдвард Бернейс (племянник Зигмунда Фрейда) и Курт Левин. Сюда следует отнести "третьего человека", хотя он никогда не был членом Тавистокского факультета. Это Вилли Мюнценберг, чьи пропагандистские методы и приложения, столь важные для современной эпохи массовых коммуникаций, принесли ему титул "величайшего в мире пропагандиста". Возможно, самый блестящий человек своего времени (он начал свою работу еще до Первой мировой войны), Мунзенберг получил задание обелить большевиков после того, как они свергли династию Романовых.

Мунзенберг определенно сформировал идеи и методы, применяемые на практике Бернейсом и Левином. Его легендарные подвиги в манипулировании Леоном Теппером, капельмейстером Рот Каппелем (дирижером шпионской сети "Красный оркестр"), сделали Мюнценберга главным шпионом всех существующих спецслужб. Теппер проходил обучение у Мюнценберга и никогда не был пойман. Тепперу удалось получить все секреты Великобритании и США во время Второй мировой войны. Вряд ли существует какой-либо секретный план, инициированный "союзниками", который не был бы уже известен Тепперу, который передавал информацию в КГБ и ГРУ в Москве.

В своей собственной области Бернейс был столь же гениален, но я подозреваю, что большинство его идей пришло от его знаменитого дяди Зигмунда. Что касается его идей о пропаганде, то нет сомнений, что он "позаимствовал" их у Мюнценберга, и это отражено в классической книге Бернейса *"Пропаганда"*, опубликованной в 1928 году. Тезис этой книги заключается в том, что для правительства вполне уместно и является естественным правом организовывать общественное мнение в соответствии с официальной политикой. Мы вернемся к этой теме позже.

Мюнценберг имел смелость применить свои основные принципы пропаганды на практике задолго до Бернейса или Йозефа Геббельса, министра народного просвещения Германии (так называлось Министерство пропаганды).

Специалист по пропаганде нацистской партии очень восхищался работой Мюнценберга и создал свою собственную пропагандистскую программу на основе методов Мюнценберга. Геббельс всегда старался приписывать Мюнценбергу славу "отца" пропаганды, хотя его мало кто знал.

Геббельс особенно хорошо изучил, как Мюнценберг использовал свое мастерство в науке пропаганды, когда Ленин нанял его для смягчения ужасающей огласки в 1921 году, когда 25 миллионов крестьян в Поволжье умерли от голода. Так Мунценберг, родившийся в Германии, стал любимцем большевиков. Процитируем недавнюю историческую справку:

> "Мунзенбергу, который к тому времени вернулся в Берлин, где впоследствии был избран в Рейхстаг депутатом-коммунистом, было поручено создать фальшивую "благотворительную организацию" - Иностранный комитет по организации помощи голодающим рабочим в Советском Союзе, целью которой было обмануть мир, заставив его поверить, что гуманитарная помощь поступает не из Американской организации помощи Герберта Гувера. В этом Мюнценберг был весьма успешен.

Мюнценберг привлек внимание руководства бывшего "Веллингтон Хаус", который в 1921 году сменил название на Тавистокский институт человеческих отношений под руководством генерал-майора Джона Ролингса Риза, бывшего сотрудника школы Бюро психологической войны британской армии.

Читатели, следившие за моей работой, не удивятся, узнав, что большинство приемов, принятых и усовершенствованных Мунзенбергом, были взяты на вооружение Бернейсом и его коллегами, Куртом Левиным, Эриком Тристом, Дорвином Картрайтом и Х. Хаббардом. V. Дикса У. Р. Биона в Тавистоке, который позже преподавал эти методы Центральному разведывательному управлению.

Мунзенберг был не единственным коммунистом, оказавшим глубокое влияние на события в Соединенных Штатах. Я считаю, что Тависток сыграл важную роль в подготовке "краткого изложения абортов", которое было представлено в Верховный суд в 1973 году как оригинальная работа, хотя на самом деле это было просто пересказом того, что написала мадам Коллонтей, основательница движения "освобождения женщин" и сторонница "свободной любви" в СССР.

Комиссар и лидер большевиков, его книга - это диатриба против святости брака и семьи как важнейшей ячейки общества в христианских странах. Коллонтей, конечно же, взял свой "феминизм" прямо со страниц Коммунистического манифеста 1848 года.

Джордж Оруэлл, агент МИ-6, написавший знаменитый роман "*1984*", подробно изучил работу Мунзенберга. На самом деле, его самое известное заявление было основано на том, что, по словам Мюнценберга, является основой пропаганды:

> "Политический язык создан для того, чтобы ложь казалась правдивой, а убийство - респектабельным, и чтобы придать видимость солидности чистому ветру".

Как сказал его немецкий коллега Мюнценберг:

> "Все новости - ложь, а вся пропаганда замаскирована под новости".

Знать Мюнзенберга полезно, потому что это помогает нам понять, как действуют политики, как тайные силы контролируют доступ к информации, как формируется и лепится общественное мнение. Бернейс, безусловно, следовал за мастером и никогда не отклонялся от его методологии. Не зная этих вещей, мы никогда не сможем понять, как президент Джордж Буш может делать то, что он делает, и не сталкиваться с последствиями. Она, безусловно, позволила мне проследить истоки так называемых "неоконсерваторов", которые формируют его политику, до ее основателя Ирвинга Кристола, который признается, что был заклятым учеником Леона Троцкого.

Тависток остается матерью всех исследовательских центров, связанных с изменением поведения, формированием мнений и политических событий. Что сделал Тависток, так это создал "черную дыру обмана в 20 веке". Его задача была бы намного сложнее, если бы не проституция СМИ и их роль в распространении "евангелия по Джорджу Оруэллу".

Лорд Нортклифф, глава предшественника Тавистока, Веллингтон Хаус, был медиа-магнатом и в свое время дошел до того, что каждую неделю отправлял тысячи экземпляров своей газеты *Daily Mail* во Францию, а затем на грузовиках доставлял их британским войскам на фронте, "чтобы завоевать их сердца и умы в пользу войны" (Первая мировая война).

В частности, здесь, в США, она практически захватила Массачусетский технологический институт (MIT), Стэнфордский исследовательский институт, Институт Эсалена, Уортонскую школу экономики, Гудзоновский институт, Kissinger Associates, Университет Дьюка и многие другие учреждения, которые мы привыкли считать полностью американскими.

Научно-исследовательская корпорация "Рэнд" под эгидой "Тависток" оказала глубокое влияние на многие институты и сегменты нашего общества. Являясь одним из основных исследовательских институтов, непосредственно контролируемых Тавистоком, Рэнд руководит нашей программой МБР, проводит высококлассный анализ для лиц, ответственных за внешнюю политику США, и консультирует их по вопросам ядерной политики, осуществляет сотни проектов для ЦРУ в области контроля сознания.

Среди клиентов Рэнда - AT&T, Chase Manhattan Bank, BBC США, Министерство энергетики США и Министерство здравоохранения.

Б.М. Рэнд - одно из крупнейших в мире учреждений, контролируемых Тавистоком, и оно занимается промыванием мозгов на всех уровнях, включая правительство, армию, религиозные организации. Десмонд Туту, представитель англиканской церкви, был одним из проектов Рэнда.

Возьмем другой пример: Джорджтаунский университет, возможно, одно из лучших высших учебных заведений Америки. С 1938 года вся структура Джорджтауна была перестроена Тавистоком - все форматы и программы обучения были изменены в соответствии с планом, разработанным мозговым трестом Тавистока.

Это имело большое значение для политики США, особенно в области внешнеполитических отношений. Все без исключения сотрудники Госдепартамента США проходят обучение в Джорджтауне.

Среди наиболее известных выпускников Джорджтауна (Тависток) - Ричард Армитидж и Генри Киссинджер. О масштабах ущерба, который эти два члена невидимой армии Джона Ролингса Риза нанесли благополучию нашей страны, придется рассказать в другой раз.

Появляется все больше свидетельств того, что Тависток все активнее внедряется в наши спецслужбы. Когда мы думаем о разведке в США, мы обычно вспоминаем ЦРУ или пятый отдел ФБР.

Но есть много других спецслужб, которые получают инструкции из Тавистока. К ним относятся Разведывательное управление Министерства обороны (DIA), Национальное разведывательное управление (NRO) и Управление военно-морской разведки (ONI), Разведывательная служба Казначейства (TIS), Разведывательная служба Государственного департамента, Агентство по борьбе с наркотиками (DEA) и, по меньшей мере, десять других.

Как и когда Тависток начал свою карьеру? Как я говорил в своих книгах 1969 и 1983 годов, когда вы думаете о Тавистоке, вы автоматически вспоминаете его основателя, майора британской армии Джона Роулингса Риза. До 1969 года очень немногие люди в Британии за пределами разведывательных кругов знали о существовании Тавистока, не говоря уже о том, что делалось в его учреждениях в Лондоне и Сассексе.

Тависток предоставлял услуги зловещего характера тем людям, которые есть в каждом городе этой страны; людям, у которых на ладони чиновники местных и государственных органов власти и полиция.

Это также происходит в каждом крупном американском городе, где члены масонства иллюминатов используют свои тайные полномочия контроля для попрания Билля о правах, запугивания и жестокого обращения с невинными гражданами по своему усмотрению. Где государственные деятели, которые сделали эту страну великой? Вместо этого мы имеем законодателей, которые не исполняют законы, которые они принимают, и которые боятся исправлять очевидные ошибки, которыми изобилуют все стороны, боясь, что если они будут соблюдать свою присягу, то могут остаться без работы.

Это также законодатели, которые не имеют даже самого смутного представления о том, что такое конституционное право, и, похоже, их это не волнует. Они принимают "законы", которые никогда не проверялись на конституционность. Большинство законодателей все равно не знают, как это сделать. В результате в Вашингтоне воцарилась анархия. Большинство кандидатов, баллотирующихся в Палату представителей и Сенат, могут быть шокированы тем фактом, что каждый из них проходит тщательную проверку и профилирование учеными по модификации поведения из Тавистока или одного или нескольких его филиалов в США.

Достаточно сказать, что в Конгрессе царит дух антиконституционного беззакония, поэтому нас оскорбляют такие меры, как "Билль Брейди" и закон Файнштейна "О штурмовом оружии", а в 2003 году - законопроект о национальной безопасности и Патриотический акт, которые нигде не фигурируют в Конституции и, следовательно, являются запретом. "Закон" Файнштейна имеет поразительное сходство с работой Тавистокского института. Поскольку Конституция является высшим законом страны, законы о "контроле над оружием" не имеют юридической силы.

Огнестрельное оружие является частной собственностью. Огнестрельное оружие не является частью межгосударственной торговли. Каждый здравомыслящий, взрослый, не совершающий преступлений гражданин США имеет право хранить и носить оружие в любом количестве и в любом месте.

Великий Святой Георгий Такер сказал:

> "Конгресс Соединенных Штатов не обладает властью регулировать или вмешиваться во внутренние дела любого из штатов, именно им (штатам) принадлежит право устанавливать любые правила, касающиеся права собственности, и Конституция не допустит никакого запрета на оружие для народа или на мирные собрания народа, с любой целью и в любом количестве, по любому поводу". (Взгляды Блэкстоуна на Конституцию, стр. 315)

Любой кандидат, которого будет нелегко контролировать или который не соответствует профилям Тавистока, отбрасывается. В этом контексте ключевую роль играют печатные и интернет-СМИ - под руководством Tavistock или одного из его филиалов. Пусть избиратель остерегается, пусть широкая общественность знает об этом.

Наш избирательный процесс превратился в фарс, благодаря работе, проделанной Тавистоком по контролю над мыслями и идеями людей этой нации посредством "внутреннего направленного кондиционирования" и "дальнего проникновения", неотъемлемой частью которого является наука управления сознанием избирателей. Тависток служит черной знати во всех ее элементах, работая над тем, чтобы лишить нас победы Американской революции 1776 года. Если читатель не знаком с Черной Аристократией, следует отметить, что этот термин не относится к чернокожим людям. Оно относится к группе чрезвычайно богатых людей, династий, история которых насчитывает более пятисот лет и которые составляют костяк Комитета 300.

На международном фронте, а также в учреждениях США, определяющих внешнюю политику, Тависток практикует психологическое профилирование на всех уровнях власти, а также вторжение в частную жизнь в поистине огромных масштабах.

Тависток разработал профили и программы для Римского клуба, Фонда Чини, Германского фонда Маршалла, Фонда Рокфеллера, Бильдербергской группы, CFR и Трехсторонней комиссии, Фонда Дитчли, Банка международных расчетов, МВФ, ООН и Всемирного банка, Microsoft, Citibank, Нью-Йоркской фондовой биржи и так далее. Этот список учреждений, находящихся в руках тавистокских планировщиков, далеко не исчерпывающий.

Пропагандистский шквал, предшествовавший войне в Персидском заливе 1991 года, был основан на психологическом профилировании огромных групп людей в США компанией Tavistock. Результаты были переданы тем, кто формирует мнение, также известным как "рекламные агентства" на Мэдисон-авеню.

Эта пропаганда была настолько эффективной, что в течение двух недель люди, которые даже не знали, где находится Ирак на карте, не говоря уже о том, кто его лидеры, начали кричать и призывать к войне против "диктатора, который угрожает интересам Америки". Страшно? ДА, но, к сожалению, это 100% правда! Сами слова "кризис в Персидском заливе" были придуманы Тавистокским институтом, чтобы заручиться максимальной поддержкой войны Буша от имени комитета, состоящего из 300 человек, флагманской компанией которого является British Petroleum (BP).

Теперь мы знаем - по крайней мере, некоторые из нас - какую важную роль играет Тависток в создании общественного мнения, основанного на запутывании, лжи, сокрытии, искажении и откровенном мошенничестве. Ни одно другое учреждение в мире не может сравниться с Тавистокским институтом человеческих отношений. Цитата из моего обновленного отчета за 1984 год:

> "Есть несколько институтов и издательских компаний, которые осознают происходящие изменения. В последнем номере *журнала Esquire опубликована* статья под названием "Открывая Америку". *Esquire* не упоминает Тависток по имени, но вот что там написано: "Во время социальной революции (очень значимая фраза) 1970-х годов большинство личных ритуалов и взаимодействий, а также институциональная жизнь были радикально изменены. Естественно, эти изменения повлияли на то, как мы воспринимаем будущее... Экономическая база Америки меняется, предлагаются новые услуги и продукты".

Далее в статье говорится, что меняется наша трудовая жизнь, наш досуг, наши системы образования и, самое главное, меняется мышление наших детей. Автор статьи в *Esquire* заключает:

> "Америка меняется, как и направление, в котором она будет двигаться в будущем... Время от времени наш новый американский раздел (обещанный для будущих выпусков *Esquire*) не будет казаться таким уж новым, поскольку большинство новых мыслей прокралось в основное русло американской жизни, но до сих пор оставалось незамеченным".

Я не мог бы дать более подходящее описание заблуждения "время меняет вещи". **Ничто не меняется само по себе, все изменения проектируются, будь то тайно или публично**. Хотя *Esquire* не сказал, кто несет ответственность за изменения - в основном нежелательные - которым мы, народ, пытались противостоять.

*Esquire* не одинок в этом утверждении. Миллионы американцев живут в полном неведении относительно сил, определяющих их будущее. Они не знают, что Америка полностью "обусловлена" методом Тавистока "дальнего направленного внутреннего проникновения". Хуже всего то, что эти миллионы людей, благодаря тавистоковскому обуславливанию (которое заставляет американцев думать так, как Тависток хотел бы, чтобы они думали), похоже, больше не волнует. Они были "внутренне обусловлены" "дальним проникновением" - генеральным планом управления, разработанным Тавистоком для промывания мозгов нации в течение столь долгого времени, что теперь они страдают от постоянного состояния "шока от ракушки".

Как мы увидим, у этой апатии и невежества есть веские причины. Вынужденные и нежелательные изменения, которым мы подверглись как нация, - это работа нескольких мастеров-теоретиков и техников, которые присоединились к Джону Ролингсу Рису в Тавистокском институте.

# ГЛАВА 24

## Промывание мозгов спасает президента США

Я рискну сказать, что даже после всех моих многолетних разоблачений Риза и его работы 95% американцев не знают, кто он такой и какой вред он причинил Америке.

Это большое количество наших граждан до сих пор совершенно не осознает, как ими манипулируют и заставляют принимать "новые идеи", "новые культуры" и "новые религии". Они были грубо нарушены и не знают об этом. Их по-прежнему насилуют, и они по-прежнему не знают, что происходит, особенно когда речь идет о формировании мнения с помощью опросов.

Чтобы проиллюстрировать мою мысль, бывший президент Клинтон смог пережить один скандал за другим благодаря опросам, показавшим, что американский народ не настолько обеспокоен его возмутительным поведением, чтобы требовать процедуры импичмента. Может ли это быть правдой? Может ли быть правдой то, что люди больше не заботятся об общественной морали? Конечно, нет!

Это искусственная ситуация, созданная Тавистокским институтом, и каждый кассир обучен тавистокским методам формирования мнения и манипулирования общественным мнением, чтобы ответы "звучали правдиво".

Мы можем добавить президента G. W. Буш - "выжившим". Его не сняли с должности, несмотря на вопиющую ложь, которая была использована для начала незаконной (неконституционной) войны в Ираке. Она неконституционна, поскольку война никогда не была объявлена в соответствии с Конституцией.

Более того, в Конституции США нет положений, позволяющих США нападать на другое государство, которое не совершало против них воюющих действий. Как президенту Бушу удалось избежать импичмента? Ответ кроется в Тавистокском институте и его возможностях массового промывания мозгов.

Одной из первых задач Тавистока после начала тотальной войны против США в 1946 году было заставить американский народ принять "альтернативный образ жизни". Документы из Тавистока показали, как лидеры кампании по принуждению законного общественного признания групп, чье поведение, пока изменения не были продавлены через Конгресс, признавалось преступлением почти в каждом штате Союза, а в некоторых штатах остается преступлением. Я имею в виду "образ жизни геев", как он известен сегодня.

Тщательное профилирование, проведенное перед запуском этой программы "изменений", не вызвало доверия у непосвященных, которые отвергли ее как "ужасную научную фантастику", хотя все объяснялось в самых простых терминах. Значительное большинство американцев никогда не слышали (и все еще не знают в 2005 году), что Тавистокский институт вступил в войну с ними в 1946 году, и что с тех пор люди проиграли эту войну.

В конце Второй мировой войны Тависток обратил свое внимание на Соединенные Штаты. Методы, которые привели к краху Германии, были использованы против Соединенных Штатов. Массовое промывание мозгов нашей нации называлось "Проникновение на большие расстояния" и "Внутреннее направленное кондиционирование".

Главной целью этого предприятия была установка социалистических программ на всех уровнях власти, тем самым прокладывая путь к новому темному веку, новому мировому порядку в рамках единого правительства, коммунистической диктатуры.

В частности, он был призван нарушить святость брака и семейной жизни. И это тоже было направлено на Конституцию, чтобы "сделать ее неэффективной". Гомосексуализм, лесбиянство и аборты - это программы, разработанные Тавистоком, как и цель "изменить" Конституцию США.

Большинство программ Тавистока основаны на избрании "правильных" кандидатов с помощью обученных специалистов по опросам и их умных вопросов. Проект Тавистока "Образ жизни геев" включал создание нескольких "оперативных групп", которые должны были помочь СМИ скрыть нападки на гомосексуалистов и выставить борцов за "новый образ жизни" "просто другими людьми".

Сейчас ток-шоу являются неотъемлемой частью этих планов, но в то время они не так широко использовались для осуществления социальных изменений, как сегодня. Лидерами, выбранными Тавистоком для продвижения значительных социальных и политических изменений с помощью ток-шоу, были Фил Донахью и Джеральдо Ривьер, Билл О'Рейли, Барбара Уолтерс и многие другие, чьи имена стали знакомы в Америке. Именно они продвигали людей, которые будут баллотироваться на выборах; людей, над которыми до сих пор смеялись бы с платформы. Но теперь, благодаря умелому использованию опросов, к этим людям стали относиться серьезно.

Планирование, которое было направлено на подготовку общественности через ведущих телевизионных ток-шоу, стоило миллионы долларов для реализации этого долгосрочного плана социальных изменений, навязанного Тавистоком, и, как показывают результаты, Тависток выполнил свою домашнюю работу. При всем моем опыте я все еще поражен тем, как хорошо был проведен этот большой переезд.

Целые сообщества по всей стране были профилированы;

гости ток-шоу и их аудитория были отобраны в соответствии с их профилем, при этом они никогда не осознавали, что делается без их ведома и согласия. Американцы были обмануты в огромных масштабах и не знали этого тогда и не знают сейчас! Не знали они и о том, что Тавистокский институт человеческих отношений давал им хлыстовые удары.

Наконец, после трех лет подготовки, тавистокское содомитско-лесбийское нападение на совершенно ничего не подозревающий американский народ можно сравнить с бурей, разразившейся над ничего не подозревающим французским народом во время Французской революции.

Хорошо спланированная и проведенная кампания началась во Флориде, как и планировалось, и точно по плану, Анита Брайант выступила против захватчиков "гей-сообщества" - слова, тщательно подобранные Тавистоком, которые теперь стали абсолютно приемлемыми. До этого эпизода слово "гей" никогда не использовалось для описания гомосексуалистов или их поведения.

Тависток был основан в 1921 году как преемник Веллингтон Хаус, который совершил крупный переворот в 1914 и 1917 годах и, как мы уже говорили, втянул Британию и Америку в жестокую войну с Германией.

Тависток должен был служить главным исследовательским инструментом для британских спецслужб, которые остаются лучшими в мире. Руководителем проекта был выбран майор, а позже бригадный генерал Джон Роулингс Риз, уполномоченный монархом. Британская королевская семья финансировала проект с помощью Рокфеллеров и Ротшильдов.

В середине Второй мировой войны Тависток получил дополнительное финансирование от Дэвида Рокфеллера в обмен на его помощь в захвате немецкой секретной службы у бывшего Рейнарда Гейдриха. В нарушение высшего закона страны весь аппарат и персонал блестящей нацистской службы безопасности был перевезен в Вашингтон, округ

Колумбия. Она стала называться "Интерпол".

Во время Второй мировой войны Тавистокский центр в Лондоне и Сассексе служил штаб-квартирой бюро психологической войны британской армии.

Действительно, благодаря соглашению о "лучшем друге" между Черчиллем и Рузвельтом, Тависток смог взять под полный контроль военную разведку и политику США через Управление специальных операций (SOE) и сохранял этот контроль на протяжении всей Второй мировой войны. Комитет 300 выбрал Эйзенхауэра на пост главнокомандующего союзными войсками в Европе, но только после тщательного профилирования в Тавистоке. Затем он был назначен в Белый дом. Эйзенхауэру было позволено сохранить свое место в Белом доме до тех пор, пока его полезность не была исчерпана, а воспоминания о войне не угасли, и он не был смещен. Горечь Эйзенхауэра по поводу обращения с ним Комитета 300 и Тавистокского института отразилась в его заявлениях об опасности, исходящей от военно-промышленного комплекса - завуалированная ссылка на его бывших боссов, "олимпийцев".

В книге "*Комитет 300*"[9] рассказывается полная история этого сверхсекретного, сверхэлитарного органа людей, которые управляют миром. Комитет 300 имеет в своем распоряжении огромную, взаимосвязанную сеть банков, финансовых фирм, печатных и онлайн СМИ, крупных "мозговых центров", новых ученых, которые на самом деле являются современными создателями того, что выдается за общественное мнение, сформированное его национальными опросниками, и так далее. Сегодня более 450 крупнейших компаний из списка Fortune 500 находятся под влиянием Комитета 300.

Среди них Petro-Canada, Hong Kong and Shanghai Bank, Halliburton, Root, Kellogg and Brown, British Petroleum, Shell,

[9] Опубликовано Omnia Veritas Limited, www.omnia-veritas.com.

Xerox, Rank, Raytheon, ITT, Eagle Insurance, все крупные страховые компании, все ведущие компании и организации США, Великобритании и Канады. Так называемое экологическое движение полностью контролируется Комитетом через Тавистокский институт.

Большинство людей склонны считать, что "промывание мозгов" - это корейская/китайская техника. Это не так. Промывание мозгов можно проследить до Тавистока, который стоял у истоков этого искусства. Наука модификации поведения возникла благодаря Тавистоку, который обучил этому целую армию сотрудников спецслужб.

Соединенные Штаты, возможно, больше, чем любая другая страна, ощутили хватку тавистокского кулака в нашей национальной жизни почти на всех уровнях, и его власть над этой страной не ослабла: напротив, с приходом Уильяма Джефферсона Клинтона и Буша, отца и сына, она значительно усилилась. Нам действительно промыли мозги в 1992 и 1996 годах. В 2005 году мы действительно стали нацией с промытыми мозгами. Соединенные Штаты являются главной жертвой войны с проникновением на большие расстояния с использованием методов Риза.

Среди других пострадавших стран были Родезия (ныне Зимбабве), Ангола, Южная Африка, Филиппины, Южная Корея, Центральная Америка, Иран, Ирак, Сербия, Югославия и Венесуэла.

Эта методика не работает в Ираке и Иране, и в целом мусульманские страны кажутся менее восприимчивыми к тавистокским методам массового контроля населения, чем западные страны.

Несомненно, их строгое следование законам Корана и исламской вере - это то, что разрушило планы Тавистока в отношении Ближнего Востока, по крайней мере, временно. Вследствие этого была развернута целенаправленная кампания по развязыванию войны против мусульманского мира.

Успех Риза в принуждении к изменениям широкого круга стран отражается в событиях, произошедших с тех пор. У себя дома Тависток перестроил целый ряд крупных американских институтов, как частных, так и государственных, включая наши разведывательные службы, подразделения Пентагона, комитеты Конгресса, крупный бизнес, мир развлечений и т.д.

# ГЛАВА 25

## Нападение Тавистока на США

Одним из ключевых игроков в команде Тавистока был доктор Курт Левин. Он родился в Германии, но был вынужден бежать, когда его эксперименты по контролю численности населения были обнаружены немецким правительством. Льюин уже был хорошо знаком с Ризом - двое мужчин активно сотрудничали в проведении опросов и подобных экспериментов по формированию общественного мнения. Говорят, что доктор Геббельс с энтузиазмом принял методы Тавистока.

Льюин бежал в Англию, где он присоединился к Ризу в Тавистоке и получил свое первое серьезное задание: он с восхищением провел то, что оказалось величайшей пропагандистской кампанией в истории, которая привела американский народ в бешенство ненависти к Германии и, позднее, к Японии. В конечном счете, эта молниеносная операция стоила жизни сотням тысяч американских солдат и влила миллиарды долларов в казну Уолл-стрит, международных банков и торговцев оружием.

Наши потери в человеческих жизнях и национальных богатствах не могут быть восстановлены.

Непосредственно перед нападением на Ирак Соединенные Штаты подверглись пропагандистскому взрыву, лишь немногим уступающему тому, который привел к вступлению США во Вторую мировую войну. Тщательный анализ ключевых слов и фраз, разработанных Льюином для Второй мировой войны, показал, что в 93,6% случаев эти триггерные слова и фразы совпадали с теми, которые использовались в Корейской войне, войне во Вьетнаме и войне в Персидском заливе.

Во время войны во Вьетнаме опросы по методологии Тавистока были использованы с разрушительным эффектом против американского народа.

Во время войны в Персидском заливе примером методов Тавистока было то, как Государственный департамент продолжал называть сотрудников своего посольства в Кувейте "заложниками", хотя никто из них никогда не был заключен в тюрьму. Фактически, каждый из них был волен уехать в любое время, но им было приказано остаться в Кувейте, чтобы они могли вести пропаганду о своем положении.

На самом деле, "заложники" были заложниками Госдепартамента! Не имея возможности заставить президента Хусейна сделать первые выстрелы, необходимо было создать еще одну "искусственную ситуацию", подобную Перл-Харбору. Имя Эйприл Гласпи навсегда будет ассоциироваться с предательством и подлостью. Затем последовала тщательно продуманная кража миллионов баррелей иракской нефти Кувейтом. Хусейн получил "зеленый свет" от посла США в Багдаде Эйприл Гиллеспи, чтобы напасть на Ирак и положить конец ситуации, которая стоила иракскому народу миллиарды долларов. Но когда нападение было совершено, Буш-старший не теряя времени направил американских военных на помощь Кувейту.

Президент Буш наращивал поддержку против Ирака, используя ложное утверждение о "заложниках". Именно здесь Тавистокский институт потерпит неудачу: Хотя ей удалось убедить большинство американцев в правильности нашей политики в отношении Ближнего Востока, Тависток не смог взять под контроль Сирию, Иран, Ирак, Алжир и Саудовскую Аравию.

Именно в этот момент рушится коварный план Тавистока по лишению арабских стран их нефти. Времена, когда МИ-6 могла посылать "арабистов", таких как Филби и капитан

Хилл, для подрыва мусульманских государств, давно прошли.

Арабские страны научились на своих ошибках, и сегодня они доверяют британскому правительству гораздо меньше, чем в начале Первой мировой войны. Диктатура Мубарака в Египте находится в беде. Мусульманские фундаменталисты стремятся сделать туризм небезопасным, а Египет зависит от иностранной твердой валюты, чтобы поддерживать его, помимо ежегодного пожертвования в размере 3 миллиардов долларов от американских налогоплательщиков. Аналогичным образом, Сирия не будет долго терпеть политику США, которая благоприятствует Израилю за счет палестинцев.

У себя дома правительство США влило в казну Тавистока миллиарды долларов: среди бенефициаров этих миллиардов долларов - Национальная учебная лаборатория, Гарвардская психологическая клиника, Уортонская школа, Гуверовский институт Стэнфорда, Рэнд, Массачусетский технологический институт, Национальный институт психического здоровья, Джорджтаунский университет, Институт Эсалена, Центр перспективных исследований в области поведенческих наук, Институт социальных исследований в Мичигане и многие другие аналитические центры и высшие учебные заведения.

Задача по созданию этих филиалов в США в спецслужбах по всему миру была возложена на Курта Левина, с которым мы уже встречались, но чье имя, вероятно, было известно не более чем 100 людям до появления моей истории о Тавистоке. И все же этот человек и Джон Ролингс Риз нанесли больший ущерб институтам, на которых зиждется американская республика, чем все, чего могли бы добиться Гитлер или Сталин. То, как Тависток распутал нити основы и утка нашей социальной ткани, удерживающей нацию вместе, - это леденящая и пугающая история, в которой "нормализация" образа жизни геев и лесбиянок является лишь небольшим, но важным достижением; гораздо большим и более пугающим достижением был успех массового промывания мозгов с помощью опросов общественного мнения.

Почему тавистокские техники Риза так хорошо работают на практике? Риз усовершенствовал свои эксперименты по массовому промыванию мозгов с помощью стресс-тестов, или психологических шоков, также известных как стрессовые события. Теория Риза, теперь уже вполне доказанная, заключалась в том, что если подвергать стресс-тестам целые популяции, то можно заранее определить, какой будет реакция населения на те или иные стрессовые события.

В явном виде эта техника лежит в основе создания желаемого общественного мнения с помощью опросов, которые были использованы с разрушительным эффектом для защиты администрации Клинтона от скандалов, разразившихся вокруг Белого дома, и которые сейчас защищают Буша-младшего от смещения из Белого дома.

# ГЛАВА 26

## Как "раскручивают" посредственных политиков, актеров и певцов

Эта техника, известная как "профилирование", может применяться к отдельным людям, малым или большим группам людей, массовым группам и организациям любого размера. Затем их "накачивают", чтобы они стали "звездами". Когда ему было всего двадцать лет, в Арканзасе Уильям Клинтон был выбран для участия в программе стипендий Родса. Его успехи профилировались на протяжении всей его карьеры, особенно в период войны во Вьетнаме. Затем, проявив себя, Клинтон был "ухожен" для Белого дома, а затем постоянно "подкачивался".

Вся операция проходила под контролем специалистов по промыванию мозгов из Тавистокского института. Вот как все это работает. Именно таким образом создаются инструменты для буквального производства кандидатов, особенно тех, которые считаются подходящими для государственных должностей; кандидатов, на которых всегда можно рассчитывать, что они поступят "правильно". Конгресс полон ими. Гингрич был типичным и успешным "продуктом Тавистока", пока его поведение не было обнаружено. Трент Лотт, Дик Чейни, Чарльз Шумер, Барни Фрэнк, Том ДеЛэй, Деннис Хастерт, доктор Фрист и др. являются другими примерами "выпускников" Тавистока. Эта же техника применяется к актерам, певцам, музыкантам и художникам.

Усиленная пропаганда использовалась для убеждения населения в том, что нежелательная "социальная экологическая турбулентность" является результатом эпохальных изменений, в которых мы живем, когда, как мы теперь знаем, ученые новой науки разработали программы (стрессовые программы) для искусственного создания "социальной экологической турбулентности", а затем выдавали ее за результат естественного состояния, более известного как "эпохальные изменения".

Новые ученые в Тавистоке были убеждены, что мы не будем применять принцип "для каждого следствия должна быть причина" - и они были правы. Например, мы безропотно приняли "Битлз", их "новую музыку" и их тексты - если вы осмелитесь назвать это музыкой и текстами, потому что нам сказали, что группа написала все это сама.

На самом деле, музыку написал выпускник Тавистока Тео Адорно, чьи 12-тональные аккорды были научно настроены для создания массовой "экологической социальной турбулентности" по всей Америке. Никто из "Битлз" не умел читать музыку. Тем не менее, их "накачивали" день и ночь без передышки, пока все, что о них говорилось, ложь и все остальное, не было принято за правду.

Тависток снова и снова доказывает, что когда большая группа успешно профилирована, она может быть подвергнута "внутреннему направленному кондиционированию" практически во всех аспектах социальной и политической жизни. Неотъемлемая часть массовых экспериментов Тавистока по контролю сознания в США с 1946 года, опрос и позиционирование были, безусловно, его самыми успешными предприятиями. Америка была обманута и не знала об этом.

Чтобы доказать успешность своих методов, Риз попросил Тавистока протестировать большую группу людей на тему, связанную с заговором. Оказалось, что 97,6% опрошенных категорически отвергли идею о существовании всемирного заговора. В какой степени наши люди не верят, что за последние 56 лет они подвергались прямым нападкам со стороны Тавистока? У нас есть ведущие ток-шоу на радио, такие как Раш Лимбо, которые постоянно говорят своим слушателям, что никакого заговора не существует.

Многие ли поверят, что в течение последних 56 лет Тависток посылал невидимую армию шоковых войск в каждый хутор, деревню, город и поселок нашей страны? Задача этой невидимой армии - проникнуть в коллективное социальное поведение, изменить и модифицировать его посредством "внутреннего направленного кондиционирования".

Невидимая армия" Риза состоит из настоящих профессионалов, знающих свое дело и преданных поставленной задаче. Сегодня их можно встретить в зданиях судов, полицейских управлениях, церквях, школьных советах, спортивных секциях, газетах, телевизионных студиях, правительственных консультативных советах, городских советах, законодательных органах штатов, и их легион в Вашингтоне. Они баллотируются на любые должности - от члена окружного совета до шерифа и судьи, от члена школьного совета до члена городского совета и даже на пост президента Соединенных Штатов Америки. Как работает эта система, объяснил Джон Роулингс Риз в 1954 году:

> "Их задача - применять передовые методы психологической войны в том виде, в котором мы их знаем, к целым группам людей, которые будут постоянно расти, чтобы им было легче контролировать целые популяции. В мире, окончательно сошедшем с ума, группы связанных между собой тавистокских психологов, способных влиять на политическую и правительственную сферу, должны быть арбитрами, кабалой власти."

Сможет ли это откровенное признание убедить скептиков заговора? Скорее всего, нет, поскольку сомнительно, что такие закрытые умы могут обладать реальными знаниями об этих вещах. Такая информация впустую тратится "говорящими головами" радио.

Одним из руководителей невидимой армии Риза был Рональд Липперт, чьей специализацией было манипулирование сознанием детей.

Доктор Фред Эмери, еще один из "связанных психологов" Тавистока, входил в совет комиссии Кернера при президенте Джонсоне.

Эмери был тем, кого в Тавистоке называли специалистом по "турбулентности социальной среды", предпосылка которой заключается в том, что когда вся группа населения подвергается социальным кризисам, она распадается на синоптический идеализм и в конечном итоге фрагментируется, то есть отказывается от попыток справиться с проблемой или проблемами.

Слово "экологический" не имеет ничего общего с экологическими проблемами, а относится к конкретной среде, в которой специалист устроил свою мастерскую с конкретным намерением создать проблемы - "турбулентность" или "стрессовые паттерны".

Это уже касается рок-н-ролла, наркотиков, свободной любви (абортов), содомии, лесбиянства, порнографии, уличных банд, постоянного наступления на семейную жизнь, институт брака, общественный порядок, Конституцию и особенно 2 и 10 поправок.

Там, где это произошло, мы видим, что общины бессильны перед лицом разрушенной системы правосудия, школьных советов, преподающих эволюцию, поощрения несовершеннолетних к покупке презервативов и даже "прав детей". Права детей" обычно означает, что детям должно быть позволено не слушаться своих родителей, что является ключевым элементом социалистической программы "заботы о детях". Члены невидимой армии Риза окопались в Палате представителей и Сенате, в армии, полиции и практически во всех государственных учреждениях страны.

Изучив штат Калифорния, я пришел к выводу, что в нем находится самый большой контингент ударных войск "Невидимой армии" в стране, что сделало Калифорнию чем-то очень близким к социалистическому, полицейскому государству. Я считаю, что Калифорния станет "моделью" для всей страны.

В настоящее время не существует закона, который делает такое кондиционирование незаконным. Риз и Льюин изучили законы Англии и США и пришли к выводу, что "кондиционирование" человека без его согласия или ведома является законным.

Мы должны это изменить. Опросы являются неотъемлемой частью "кондиционирования". Невидимая армия" шоковых войск Тавистока изменила представление Америки о рок-музыке, добрачном сексе, употреблении наркотиков, внебрачных детях, беспорядочных половых связях, браке, разводе, семейной жизни, абортах, гомосексуализме и лесбиянстве, Конституции и да, даже об убийстве, не говоря уже о том, что отсутствие морали допустимо, если ты хорошо выполняешь свою работу.

В первые годы существования Тавистока "концепция группы без лидера" использовалась для того, чтобы размолоть в пыль Америку, какой мы ее знаем. Руководителем проекта был У.Р. Бион, который в течение многих лет руководил Уортонской школой экономики, где преподаются такие глупости, как свободная торговля и кейнсианская экономика. Япония осталась верна американской модели, которую преподавал генерал МакАртур - не мошенник из Уортонской школы - и посмотрите на сегодняшнюю Японию. Не вините японцев за их успех - вините Тависток за разрушение нашей экономической системы. Но наступает очередь Японии! Ни одна нация не будет пощажена в последнем штурме с целью установления единого мирового правительства в новом мировом порядке.

В "мозговой трест", ответственный за тавистокскую войну против Америки (1946), входили Бернейс, Левин, Байрон, Маргарет Мид, Грегори Бейтсон, Г. В. Дикс, Липперт, Несбит и Эрик Трист. Где проходили подготовку ударные отряды "Невидимой армии"? У Риза в Тавистоке, откуда они распространились по всей Америке, чтобы посеять свои семена "стрессовых моделей социальной турбулентности окружающей среды".

Они распространились на все уровни американского общества, получив должности в местах, где они могли оказывать влияние, которое Риз научил их использовать. Решения, принятые невидимой армией ударных войск, оказали глубокое влияние на Америку на всех уровнях, и худшее еще впереди.

Вот лишь некоторые из главных ударных сил: Джордж Шульц, Александр Хейг, Ларри Кинг, Фил Донахью, адмирал Беркли (глубоко замешанный в сокрытии убийц Кеннеди), Ричард Армитедж, Билли Грэм, Уильям Пейли, Уильям Бакли, Памела Гарриман (ныне покойная), Генри Киссинджер, Джордж Буш и покойная Кэтрин Мейер Грэм, и давайте не будем забывать о караване, прибывшем в Вашингтон из Арканзаса в 1992 году во главе с мистером и миссис Клинтон, чья нация вскоре будет разорвана. и миссис Клинтон, чья нация вскоре была разорвана на части. Среди новичков - Раш Лимбо, Билл О'Рейли, Ларри Кинг и Карл Роув.

Лидеров бизнеса, входящих в состав ударных войск, - легион, их слишком много, чтобы перечислять их здесь. Тысячи этих шоковых солдат из Невидимой армии Бригады бизнеса явились на конференцию в Тавистоке.

Американский объект, Национальная учебная лаборатория (НУЛ), начал свою жизнь в просторном нью-йоркском поместье Эверилла и Памелы Гарриман. Как мы теперь знаем, именно Гарриман выбрал Клинтона для прохождения специальной подготовки и, в конечном итоге, для Овального кабинета.

В Национальной учебной лаборатории руководители компаний проходили обучение по стрессовым ситуациям и тому, как с ними справляться. Среди компаний, направивших своих топ-менеджеров в НТК для прохождения тавистокского тренинга, - Westinghouse, B.F.

Goodrich, Alcoa, Halliburton, BP, Shell, Mobil-Exxon Eli Lily, DuPont, Нью-Йоркская фондовая биржа, Archer Daniels Midland, Shell Oil. Mobil Oil, Conoco, Nestlé, AT&T, IBM и Microsoft. Хуже того, правительство США прислало своих высокопоставленных сотрудников из ВМС США, Госдепартамента США, Комиссии по гражданской службе и ВВС. Ваши налоговые доллары, исчисляемые миллионами, оплачивали "образование", которое Тависток давал этим государственным служащим в Арден Хаус в поместье Гарримана.

# ГЛАВА 27

## Тавистокская формула, которая привела США ко Второй мировой войне

Возможно, самым важным аспектом их обучения является использование опросов для того, чтобы государственная политика соответствовала тому, что цели Тавистока считают желательным. Эта техника, изменяющая сознание, называется "опрос общественного мнения".

Неадекватные реакции, ставшие возможными благодаря широкомасштабному профилированию Тавистока, и в которых неадекватные реакции "невидимой армии" Тавистока работали в совершенстве во время войны в Персидском заливе.

Вместо того, чтобы восстать против втягивания нации в войну против дружественной страны, с которой у нас не было ссоры, войну, начатую без надлежащего объявления войны Конгрессом, нас "обратили" в ее пользу. Короче говоря, мы были серьезно введены в заблуждение, сами того не зная, благодаря "долгосрочной внутренней закалке", которой американский народ подвергался с 1946 года.

Тависток посоветовал президенту Бушу-старшему использовать следующую простую формулу, которую Риз и Левин попросили использовать Аллена Даллеса в 1941 году, когда Рузвельт готовился втянуть Америку во Вторую мировую войну:

(1) Каково состояние морали и ее возможное развитие в целевой стране? (Это также относится к морали в США).

(2) Насколько чувствительны США к идее о необходимости войны в Персидском заливе?

(3) Какие методы можно было бы использовать для ослабления оппозиции США войне в Персидском заливе?

(4) Какие методы психологической войны могли бы успешно подорвать моральный дух иракского народа? (Здесь Тависток сделал очень плохой шаг).

Как только Буш принял участие в войне премьер-министра Тэтчер в Персидском заливе в 1991 году от имени королевы Елизаветы и ее нефтяной компании BP, Тависток собрал команду психологов, специалистов по формированию общественного мнения во главе с наглыми лжецами из компании Hill and Knowlton, а также множество профилирующих специалистов Тавистока. Каждая из речей президента Буша для продвижения войны с Ираком была написана многопрофильными командами писателей, прошедших обучение в Тавистоке.

Совершенно секретная информация о том, как пропагандировалась война в Персидском заливе и как президент Джордж Буш склонял американский народ к этой порочной и коррумпированной войне, была недавно обнародована комитетом Конгресса. В докладе говорится, что на ранней стадии разработки плана ликвидации Ирака администрации Буша было сказано, что общественная поддержка имеет первостепенное значение и что за ним не стоит американский народ.

Первое правило заключалось в том, чтобы утвердить в сознании американского народа "огромную необходимость защиты саудовских нефтяных месторождений, которым угрожает вторжение Ирака под руководством сумасшедшего". Таким образом, хотя с самого начала было известно, что у Ирака не было намерения атаковать саудовские нефтяные месторождения, Агентство национальной безопасности (АНБ) распространило ложную и вводящую в заблуждение информацию о том, что саудовские нефтяные месторождения были конечной целью Ирака. Это была полная выдумка, но это был ключ к успеху. Агентство национальной безопасности никогда не подвергалось санкциям за свое обманное поведение.

В отчете говорилось, что для обеспечения общественной поддержки войны потребуется беспрецедентное освещение событий на телевидении. В самом начале администрация Буша заручилась полным сотрудничеством трех основных телеканалов, ABC, CBS и NBC, а затем и CNN. Позже была добавлена виртуальная пропагандистская станция Fox News (также известная как Faux News). К 1990 году освещение войны в Персидском заливе и связанных с ней вопросов в этих сетях было в три раза больше, чем освещение любой другой истории, освещавшейся в 1989 году, а после начала войны освещение было в пять раз больше, чем освещение любой другой истории, включая площадь Тяньаньмэнь.

В 2003 году Буш-младший очень точно следовал формуле, которая работала на его отца, но с некоторыми дополнительными изменениями. Новости, смешанные с вымыслом (см. раздел о "Войне миров" Уэллса), стали более вымыслом, смешанным с новостями, и использовалась откровенная ложь, так что стало невозможно отличить прямой репортаж от новостей, смешанных с вымыслом.

Одним из главных игроков в освещении войны была компания CNN, которая заключила контракт с администрацией Буша на круглосуточное освещение войны в Персидском заливе в американских гостиных. Благодаря массе благоприятных и необъективных новостей, развертывание войск в Персидском заливе приветствовали около 90% американцев. Это был просто еще один способ опроса американского народа, еще один способ промывки мозгов.

Советники Агентства национальной безопасности (АНБ) сообщили администрации Буша, что с самого начала необходимо убедить общественность согласиться с планами войны в Персидском заливе. Было решено провести параллель между Гитлером и Саддамом Хусейном: слова "Саддам Хусейн должен быть остановлен" повторялись снова и снова, за ними следовала ложь о том, что иракский президент "действует как Гитлер".

Позже добавилась страшная угроза, а именно то, что Ирак способен нанести удар по США оружием массового поражения дальнего действия. Это была адаптация сталинского указа о том, что для того, чтобы захватить и поработить свой собственный народ, необходимо сначала его терроризировать.

Премьер-министр Великобритании Блэр пошел еще дальше. Выступая в парламенте, он заявил британскому народу, что "Саддам Хусейн" способен нанести удар по Великобритании и может сделать это за 45 минут. Он дошел до того, что предупредил британских туристов, отдыхавших на Кипре, о необходимости как можно скорее вернуться в Великобританию, поскольку британская разведка узнала, что Ирак готовится нанести ядерный удар по острову. Блэр сделал свое заявление, прекрасно зная, что программа ядерного оружия Ирака была полностью уничтожена в 1991 году.

Кульминацией "мастерства" первой администрации Буша в донесении информации о необходимости войны в Персидском заливе стала история об "инкубаторе", сфабрикованная Хиллом и Ноултоном и слезно рассказанная дочерью кувейтского посла в Вашингтоне. Сенат - и вся страна - проглотили это масштабное мошенничество.

Кайзер Вильгельм II вернулся к "отрубанию рук маленьким бельгийским детям", причем с еще большим успехом. После "большой лжи" Hill and Knowlton 77% опрошенных американцев заявили, что одобряют использование американских войск против Ирака, хотя 65% опрошенных даже не знали, где на карте находится Ирак.

Все основные опросы показали, что нарушение Бушем Конституции было одобрено, поскольку респонденты понятия не имели, что такое конституционное объявление войны и что оно является обязательным. Роль, которую сыграла Организация Объединенных Наций, укрепила "коммуникативные навыки" администрации Буша, говорится в докладе.

Вторая администрация Буша использовала те же тавистокские методы, и снова американский народ принял ложь и искажения, представленные ему как факт. Война активно продвигалась вице-президентом Чейни, который возглавил масштабную кампанию, чтобы склонить общественное мнение на сторону Джорджа Буша. Ни один другой вице-президент в истории Соединенных Штатов не был столь активен в принуждении американского народа к войне с Ираком.

За один месяц Чейни выступил по телевидению 15 раз и прямо заявил, что за нападением на башни Всемирного торгового центра в Нью-Йорке стоит Талибан и что Талибан находится под контролем президента Хусейна. "Борьба с терроризмом должна была вестись против "террористов" в Ираке, - сказал Чейни, - прежде чем они смогут снова нанести удар по Соединенным Штатам".

Чейни продолжал в том же духе еще долго после того, как было доказано, что его утверждение абсолютно ложно. Хотя ведущие мировые авторитеты заявили, что Ирак не имеет никакого отношения к 11 сентября и что в Ираке нет боевиков Талибана, Чейни продолжал лгать, пока Ханс Бликс, бывший главный инспектор ООН по вооружениям, не оборвал его, и Центральное разведывательное управление доложило Сенату США, что не было найдено никакой связи между Ираком, Талибаном и 11 сентября.

На самом деле, согласно отчету ЦРУ, Хусейн ненавидел талибов и изгнал их из Ирака много лет назад. Мы публикуем эту информацию в надежде, что американский народ не будет таким доверчивым в следующий раз, когда его президент захочет втянуть его в войну. Мы также хотели бы, чтобы американский народ знал, что его грубо вводит в заблуждение иностранный аналитический центр, который постоянно вводит его в заблуждение по множеству вопросов.

Давайте рассмотрим некоторые из этих вопросов и будем надеяться, что американский народ больше никогда не будет обманут ловкими "коммуникаторами".

Американский народ был грубо введен в заблуждение относительно пяти крупных войн, и этого должно быть достаточно для любой нации. Но, к сожалению, безостановочные бомбардировки Ирака и Сербии американско-британскими самолетами показали, что американский народ ничему не научился после войны в Персидском заливе и того, как она была начата, и что ему лгали и манипулировали им самым предосудительным образом.

Вторая война в Персидском заливе убедительно доказала, что методы Тавистока по-прежнему работают, настолько, что администрация Буша прибегла к откровенной лжи, зная, что даже если их раскроют, их мистификации будут просто проигнорированы, так как американский народ теперь находится в состоянии постоянного "шока", не обращая внимания на то, что было очень серьезной ситуацией для нации.

Что можно сделать с удушающим контролем, который Тависток и его многочисленные аффилированные институты имеют над страной, христианскими правыми, Конгрессом, нашими разведывательными службами и Государственным департаментом, и этот контроль распространяется вплоть до президента и нашего высшего военного руководства? Как я уже говорил, главная проблема - убедить огромную массу американцев в том, что происходящее с ними и со страной - это не "смена времен" по независящим от них обстоятельствам, а тщательно продуманный заговор, реальная угроза всему нашему будущему, а не просто теория "заговора".

Мы можем пробудить нацию, но только если будут предприняты согласованные усилия на низовом уровне. Решение проблемы заключается в просвещении американцев и принятии совместных мер.

Необходимо просветить миллионы людей о том, чем занимаются тайные кураторы и, что более важно, как и почему они это делают. Для этого необходимы срочные конституционные меры. Есть много ведущих граждан, которые обладают властью и финансовыми средствами, чтобы начать низовую кампанию. Чего мы не хотим, так это третьей политической партии.

Правильно образованное и согласованное народное движение - единственный способ (по крайней мере, на мой взгляд) отвоевать нашу страну у темных и злых сил, которые держат ее за горло. Вместе, в народном движении, мы сможем освободить Америку от хватки иностранных сил, сил, которым так хорошо служит Тавистокский институт, иностранных сил, которые стремятся уничтожить Америку в том виде, в котором она была создана нашими отцами-основателями.

Эта работа о Тавистокском институте - еще одна "первая" в моей серии о крупных организациях, названия которых будут новыми для большинства читателей. Тависток - самый важный нервный центр в США, который отравляет и постепенно меняет к худшему все стороны нашей жизни с 1946 года, когда он начал свою деятельность в Северной Америке.

Тависток играл и продолжает играть ведущую роль в формировании американской политики и мировых событий. Без сомнения, это мать всех центров контроля сознания и кондиционирования в мире. В США она осуществляет значительный контроль над текущими делами и напрямую влияет на ход и направление деятельности американских аналитических центров, таких как Стэнфордский исследовательский институт, Институт Эсалена, Уортонская школа, Массачусетский технологический институт, Гудзоновский институт, Фонд наследия, Джорджтаунский университет, и, что самое непосредственное, распространяет свое влияние на Белый дом и Государственный департамент. Тависток оказывает глубокое влияние на развитие внутренней и внешней политики США.

Тависток - это учебный центр, обслуживающий Черную аристократию и тех, кто занимается продвижением Нового мирового порядка в рамках единого мирового правительства.

Тависток работает на Римский клуб, CFR, Трехстороннюю комиссию, Германский фонд Маршалла, Общество Мон Пелерин, Группу Дитчли, масонскую контрольную ложу Quator Coronati и Банк международных расчетов.

# ГЛАВА 28

## Как Тависток делает здоровых людей больными

История Тавистока начинается с его основателя, бригадного генерала Джона Роулингса Риза, в 1921 году. Именно Риз разработал методы Тавистока по массовому "промыванию мозгов". Тависток был основан как исследовательский центр британской секретной службы (SIS).

Именно Риз стал пионером метода управления политическими кампаниями, а также техник контроля сознания, которые применяются и по сей день, и именно Риз и Тависток научили СССР, Северный Вьетнам, Китай и Вьетнам применять его техники - все, что они когда-либо хотели знать о промывании мозгов отдельным людям или массам людей.

Риз был близким доверенным лицом покойной Маргарет Мид и ее мужа Грегори Бейтсона, которые сыграли важную роль в формировании американских институтов государственной политики. Он также был другом Курта Левина, который был выслан из Германии после обвинения в активной сионистской деятельности. Левин бежал из Германии, когда стало ясно, что НСДАП будет контролировать Германию. Льюин стал директором Тавистока в 1932 году. Он сыграл важную роль в подготовке американского народа к вступлению во Вторую мировую войну. Левин был ответственен за организацию крупнейшей пропагандистской машины, известной человечеству, которую он направил против всей немецкой нации. Машина

Левина была ответственна за формирование американского общественного мнения в пользу войны путем создания атмосферы ненависти к Германии. Что сделало метод Риза таким успешным? В общем, дело было так: Те же методы психотерапии, которые используются для лечения психически больного человека, могут быть применены и в обратном направлении.

Его также можно использовать для того, чтобы сделать здоровых людей психически больными. Риз начал свою длинную серию экспериментов в 1930-х годах, используя новобранцев британской армии в качестве подопытных кроликов. Отсюда Риз усовершенствовал технику массового промывания мозгов, которую затем применял в странах, которые, как он обещал, должны были измениться. Одной из таких стран были Соединенные Штаты, которые остаются в центре внимания Тавистока. Риз начал применять свои методы модификации поведения к американскому народу в 1946 году. Мало кто, если вообще кто-либо, осознает чрезвычайную угрозу, которую Риз представляет для Америки.

Бюро психологической войны британской армии было создано в Тавистоке на основе секретных соглашений с Черчиллем задолго до того, как он стал премьер-министром. Эти соглашения давали британскому Управлению специальных операций, широко известному как SOE, полный контроль над политикой вооруженных сил США, действуя через гражданские каналы, что неизменно становилось официальной политикой правительства США.

Это соглашение по-прежнему твердо стоит на своем месте, и сегодня оно так же неприемлемо для патриотически настроенных американцев, как и в момент его заключения. Именно обнаружение этого соглашения заставило генерала Эйзенхауэра выступить со своим историческим предупреждением о накопленной власти в руках "военно-промышленного комплекса".

Чтобы мы могли понять влияние Тавистока на

повседневную политическую, социальную, религиозную и экономическую жизнь Соединенных Штатов, позвольте мне объяснить, что именно Курт Левин, второй помощник, был ответственен за основание следующих американских институтов, многие из которых были ответственны за глубокие изменения во внешней и местной политике Соединенных Штатов:

- Гарвардская психологическая клиника
- Массачусетский технологический институт (MIT).
- Национальный комитет по морали
- Корпорация "Рэнд
- Национальный совет по оборонным ресурсам
- Национальный институт психического здоровья
- Национальные учебные лаборатории
- Стэнфордский исследовательский центр
- Уортонская школа экономики.
- Департамент полиции Нью-Йорка
- ФБР
- ЦРУ
- Институт Рэнд

Льюин отвечал за подбор ключевых сотрудников для этих и других весьма престижных исследовательских учреждений, включая Эсален, корпорацию "Рэнд", ВВС США, ВМС, Объединенный комитет начальников штабов и Государственный департамент. Позже Тависток обучил людей, отобранных для управления установками по изменению погоды с помощью КНЧ в штатах Висконсин и Мичиган, защищаться от установок, управляемых с Кольского полуострова в России.

Именно через такие учреждения, как Стэнфорд и Рэнд,

появился печально известный проект "МК Ultra"[10] . "МК Ультра" был 20-летним экспериментом с использованием ЛСД и других "изменяющих сознание" наркотиков, который проводился под руководством Олдоса Хаксли и гуру движения "Запретить бомбу" Бертрана Рассела (самого видного государственного деятеля Комитета 300) по заказу и от имени ЦРУ.

Во время второй войны в Персидском заливе агенты, прошедшие подготовку в Тавистоке, показали американскому генералу Миллеру, как использовать систематические пытки для получения "информации" от мусульманских заключенных, содержащихся в тюрьме Абу-Граиб в Ираке и в Гуантанамо на Кубе. С помощью этих и подобных им препаратов, контролирующих сознание и изменяющих настроение, Льюин, Хаксли и Рассел смогли нанести американской молодежи неисчислимый ущерб, от которого мы как нация, вероятно, никогда полностью не оправимся. Их ужасающие эксперименты с наркотиками проводились в Стэнфордском исследовательском центре, Университете Макгилла, военно-морском госпитале в Бетесде и на объектах армии США по всей стране.

Стоит повторить, что движение, возникшее среди нашей молодежи в 1950-х и 1960-х годах и известное как "Новый век" или "Эра Водолея", было программой, курируемой Тавистоком. В этом не было ничего спонтанного. Нагота была введена в соответствии с мерами, принятыми для унижения женщин.

В 2005 году "новым" увлечением был назван "Хип-Хоп" - вид танцевальной игры, в которую играют в основном дети из беднейших пригородов американских городов. Она была поглощена Тавистоком и превратилась в самостоятельную индустрию, специалисты которой писали "музыку и тексты", пока не стала одним из лучших источников

---

[10] См. *МК - Ритуальное насилие и контроль разума*, Александр Лебретон, Омниа Веритас Лимитед. www.omnia-veritas.com, НД.

прибыли для индустрии звукозаписи.

Методам Риза внимательно следили Олдос Хаксли, Бертран Рассел, Арнольд Тойнби и Алистер Кроули. Рассел был особенно искусен в использовании методов Тавистока для создания своей кампании "CND": кампания "Запретить бомбу", которая выступала против ядерных экспериментов США "мозговые центры" Тавистока получали массивное финансирование от правительства США. В этих учреждениях проводятся исследовательские эксперименты по массовому кондиционированию населения. Движение CND было прикрытием, за которым Хаксли распространял наркотики среди британской молодежи.

В этих экспериментах американский народ стал мишенью больше, чем любая другая национальная группа в мире. Как я показал в 1969 и 2004 годах, с 1946 года правительство США влило миллиарды долларов в проекты, которые можно назвать "тайными операциями", то есть экспериментальные программы представляются под другими именами и названиями, чтобы ничего не подозревающий американский народ не поднял протест по поводу этих щедрых правительственных расходов.

В этих тавистокских опытах каждый аспект образа жизни Америки, ее обычаи, традиции, история, изучается на предмет того, можно ли его изменить. Каждый аспект нашей психологической и физиологической жизни постоянно исследуется в американских учреждениях Тавистока.

Агенты перемен" неустанно работают над изменением нашего образа жизни и создают впечатление, что эти изменения - просто "меняющиеся времена", к которым мы должны приспособиться. Эти вынужденные изменения происходят в политике, религии, музыке, в том, как делаются и сообщаются новости, в стиле подачи новостей читателями с преобладанием американских читательниц, в которых устранены все следы женственности; в стиле и подаче речей г-на Буша (короткие, стаккатные предложения), сопровождаемых использованием слова "женственный". Стиль Буша и его речи (короткие, стаккато предложения), сопровождаемые искажениями лица и телодвижениями, которым обучают агентов перемен, манера ходить (в стиле ВМС США), рост так называемых христианских фундаменталистов в политике, массовая поддержка "измов", список бесконечен.

Результат, чистый результат этих экспериментальных программ определяет, как и где мы будем жить в настоящем и будущем, как мы будем реагировать на стрессовые ситуации в нашей национальной и личной жизни, и как наше национальное мышление об образовании, религии, морали, экономике и политике может быть направлено в "правильное русло".

Нас, людей, постоянно изучали и изучают в учреждениях Тавистока. Нас препарируют, профилируют, читают мысли и вводят данные в компьютерные банки данных с целью формирования и планирования того, как мы будем реагировать на ожидаемые будущие потрясения и стрессы. Все это делается без нашего согласия и с явным нарушением нашего конституционного права на неприкосновенность частной жизни.

Эти результаты профилирования и прогнозы вносятся в базы данных в компьютерах Агентства национальной безопасности, ФБР, Разведывательного управления Министерства обороны и Объединенного комитета начальников штабов, Центрального разведывательного управления, Агентства национальной безопасности - вот лишь несколько мест, где хранятся эти данные.

Грань между внутренним и внешним шпионажем стирается по мере того, как американский народ готовится к появлению единого мирового правительства, в котором слежка за людьми достигнет беспрецедентного уровня.

Именно такая информация позволила ФБР избавиться от Дэвида Кореша и его давидианцев, в то время как нация наблюдала за этим по национальному телевидению, без малейшей реакции со стороны народа и удивительного отсутствия протеста со стороны Конгресса. Одним махом права штата Техас были уничтожены. Уэйко должен был стать тестом, чтобы увидеть, как люди отреагируют на то, что на их глазах будет уничтожена 10 поправка, и, согласно профилю, жители Техаса и Соединенных Штатов вели себя именно так, как описано в профиле Тавистока; они вели себя как овцы, мирно пасущиеся на траве, пока козел Иуды, который поведет их на убой, кружил вокруг стада.

То, что произошло и происходит постоянно, было предсказано советником Картера по национальной безопасности Збигневом Бжезинским в его книге *"Эпоха технократии"*, опубликованной в 1970 году. То, что он предсказал, происходит на наших глазах, но зловещий и смертоносный характер этих событий упущен людьми. Сбылось то, что Бжезинский предсказывал в 1970 году. Я предлагаю вам прочитать эту книгу - если она доступна - и затем, как это сделал я, сравнить события, произошедшие с 1970 года, с тем, что говорится в *"Технотронном веке"*. Точность предсказаний Бжезинского не только поражает, но и пугает.

Если вы все еще настроены скептически, прочитайте *"1984"* Джорджа Оруэлла, бывшего агента британской секретной службы MI6. Оруэллу пришлось написать свое поразительное откровение в вымышленной форме, чтобы избежать судебного преследования по Закону о государственной тайне Великобритании. Оруэлловский "новый язык" теперь повсюду и, как он и предсказывал, без сопротивления.

Читатели думали, что Оруэлл описывает Россию, но он предсказывал приход режима, гораздо худшего, чем большевистский режим, - британского правительства Нового мирового порядка.

Достаточно взглянуть на законы, принятые режимом Блэра, чтобы увидеть, что свободы были подавлены, политическое инакомыслие было подавлено, Магна Карта была сожжена дотла и заменена на набор драконовских законов, которые вызывают зловещие чувства. Есть старая поговорка: "Куда сегодня идет Англия, туда завтра пойдут Соединенные Штаты".

Нравится нам это или нет, но Бжезинский предсказал, что у нас, людей, больше не будет права на частную жизнь; каждая маленькая деталь нашей жизни будет известна правительству и может быть мгновенно вызвана из банков данных. По его словам, к 2000 году граждане окажутся под таким правительственным контролем, какого не знала ни одна страна.

Сегодня, в 2005 году, мы находимся под постоянным наблюдением так, как не могли себе представить несколько лет назад, Четвертая поправка была попрана, наша лучшая защита от гигантского государства, 10 поправка больше не существует, и все это стало возможным благодаря работе Риза и социологов, контролирующих Тавистокский институт.

В 1969 году по распоряжению Комитета 300 Тависток создал Римский клуб, о чем впервые сообщалось в моих монографиях 1969 года. Затем Римский клуб создал Организацию Североатлантического договора (НАТО) как политический альянс.

В 1999 году мы узнали правду о НАТО: это политическое образование, поддерживаемое в военном отношении странами-членами. Тависток предоставлял ключевой персонал НАТО с момента его создания и продолжает это делать. Они разрабатывают все основные направления политики НАТО. Другими словами, Тависток контролирует НАТО.

Доказательством является то, что НАТО смогла бомбить Сербию 72 дня и ночи и остаться безнаказанной, несмотря на то, что это нарушило четыре Женевские конвенции, Гаагскую конвенцию, Нюрнбергские протоколы и Устав ООН. Ни американский, ни британский народ не возмутился против этой варварской акции.

Конечно, все это было предопределено из банков данных Тавистока: они точно знали, как общественность отреагирует или не отреагирует на взрыв. Если бы заранее было принято неблагоприятное решение относительно реакции общественности, то бомбардировки Сербии не было бы.

Именно эти же тавистокские исследования использовались для оценки реакции общественности на дождь крылатых ракет и бомб на открытый город Багдад в 2002 году, печально известную тактику Рамсфельда "шок и трепет". Варварское поведение такого масштаба было допущено потому, что президент и его люди заранее знали, что возмущения со стороны американской общественности не будет.

И Римский клуб, и НАТО оказывают значительное влияние на внешнеполитические решения правительства США, и продолжают делать это и сегодня, как мы видели в случае неспровоцированных нападений на Сербию и Ирак со стороны администраций Клинтона и Буша соответственно. История дает и другие примеры внутреннего контроля Тавистока над США.

Когда началась Вторая мировая война, Соединенные Штаты подверглись заранее спланированной кампании по промыванию мозгов самого массового масштаба, подготовленной и проведенной Тавистокским институтом.

Это подготовит почву для плавного вступления Америки в войну, которая нас не касается, и наложит морду на тех, кто выступает против нее. Все великие речи Рузвельта были написаны техниками контроля сознания в Тавистоке, многие из которых были членами Фабианского общества.

Американцам говорили, что войну начала Германия, что опасность Германии для мира во всем мире намного больше, чем угроза большевизма. Большое количество социологов, работающих в американских тавистокских институтах, были выбраны для того, чтобы возглавить работу по убеждению американского народа в том, что вступление Америки в войну - это путь вперед. Однако они не добились успеха, пока Япония не была "вынуждена сделать первый выстрел" в Перл-Харборе.

# ГЛАВА 29

## Топологическая психология привела США к войне в Ираке

Топологическая психология Курта Левина, стандартная для тавистокских учреждений, была преподана избранным американским ученым, направленным туда для изучения ее методологии, и эта группа вернулась в США, чтобы возглавить кампанию по принуждению американцев к убеждению, что поддержка Великобритании - зачинщика войны - отвечает нашим интересам. Топологическая психология остается самым передовым методом побуждения к изменению поведения, как отдельных людей, так и массовых групп населения.

К сожалению, топологическая психология была слишком успешно использована средствами массовой информации, чтобы ввергнуть Америку в ситуацию, созданную британцами в Ираке, - еще одну войну, в которую нам не следовало ввязываться. Профессиональные лжецы, управляющие этой страной, медиа-шлюхи, предательские "представители" Единого Мирового Правительства Нового Мирового Порядка использовали точную топологическую психологию против тех, кто говорил, что мы не должны нападать на Ирак.

Буш, Бейкер, Хейг, Рамсфелд, Райс, Пауэлл, генерал Майерс, Чейни и члены Конгресса, склонившиеся перед ними в раболепной демонстрации подхалимства, промыли мозги американскому народу, заставив поверить в то, что президент Ирака Саддам Хусейн был монстром, злым человеком, диктатором, угрозой миру во всем мире, которого необходимо отстранить от власти, хотя Ирак никогда не делал ничего, что могло бы навредить США. Если в утверждениях о том, что Хусейн совершал ужасные поступки, есть хоть доля правды, то то же самое можно сказать о Вильсоне и Рузвельте, увеличив в миллион раз.

Война Тавистока против Конституции США полностью отупила американский народ до такой степени, что он считает, что США имеют право напасть на Ирак и сместить его лидера, хотя Конституция прямо запрещает такие действия, не говоря уже о том, что это нарушает международное право и Нюрнбергские протоколы. Как мы уже говорили, для того, чтобы американский народ воспылал, нужна "выдуманная ситуация".

В Первой мировой войне это были "зверства", совершенные кайзером. Во Второй мировой войне это был Перл-Харбор, в Корее - "фантомные торпедные катера" северокорейской атаки на флот США, которая так и не состоялась.

В Ираке это был обман и ложь Эйприл Глэспи; в Сербии - "озабоченность" г-жи Олбрайт по поводу якобы "преследования" незаконных албанских иностранцев, которые стекаются в Сербию, чтобы спастись от экономического бедствия своей страны, что послужило предлогом для ее самодовольного крестового похода против Сербии.

Тависток придумал новое название для незаконных албанцев; отныне они должны были называться "косоварами". Конечно, профилированная и запрограммированная американская общественность не возражала, когда Сербия, без веской причины и без какого-либо ущерба для США, подверглась безжалостной бомбардировке в течение семидесяти шести дней и ночей!

Реальная опасность для мира исходит от нашей односторонней политики в отношении стран Ближнего Востока и нашего отношения к социалистическим правительствам. Призывы сплотиться вокруг флага в начале Второй мировой войны были чистой топологической психологией Риса - и это повторилось в войне в Персидском заливе, Корейской войне, Ираке (дважды) и Сербии.

Скоро это снова будет Северная Корея. США преследуют эту нацию уже более 25 лет - только на этот раз оправданием будет то, что Северная Корея собирается сбросить ядерную бомбу на американский город! Во всех этих войнах американский народ поддался великому барабанному бою тавистокского промывания мозгов под видом "патриотизма", приправленного большой дозой страха, который вбивается в сознание день и ночь. Американцы верили в миф о том, что Германия была "плохим парнем", который хотел доминировать в мире; мы отвергали угрозу большевизма.

Дважды нас доводили до исступления против Германии. Мы верили нашим контролерам разума, потому что не знали, что нам промывают мозги, манипулируют и контролируют нас. Так наших сыновей отправляли умирать на поля сражений в Европе за дело, которое не принадлежало Америке.

Сразу после того, как Уинстон Черчилль стал премьер-министром Великобритании после смещения Невилла Чемберлена за успешное заключение мирного соглашения с Германией, Черчилль, великий образец веры в уважение международного права, начал нарушать международные законы, которые регулируют цивилизованное поведение во время войн.

По совету тавистокского теоретика Ричарда Кроссмана-Уинстона Черчилль принял тавистокский план террористических бомбардировок гражданского населения. (Нам предстояло увидеть ту же политику в Ираке и Сербии).

Черчилль приказал Королевским ВВС (RAF) бомбить небольшой немецкий город Фрайберг, необороняемый город в списке таких городов Германии и Великобритании, который, как обе стороны договорились в письменном пакте, был "открытым и необороняемым городом", не подлежащим бомбардировке.

Во вторник днем, 27 февраля 1940 года, бомбардировщики RAF "Москито" совершили налет на Фрайберг, убив 300 мирных жителей, в том числе 27 детей, игравших на школьном дворе, которые были четко идентифицированы как таковые.

Это стало началом кампании террористических бомбардировок RAF против немецких гражданских объектов; печально известной бомбардировки Prudential, вдохновленной Тавистоком, которая была направлена исключительно против жилья немецких рабочих и гражданской инфраструктуры. Тависток заверил Черчилля, что эти массированные террористические бомбардировки поставят Германию на колени, как только будет достигнута цель уничтожить 65% жилья немецких рабочих.

Решение Черчилля начать террористические бомбардировки Германии было военным преступлением и остается военным преступлением. Черчилль был военным преступником и должен был предстать перед судом за свои чудовищные преступления против человечества.

Бомбардировка Фрайберга, Германия, без консультации с Францией, была первым отступлением от цивилизованного поведения во Второй мировой войне, и британское правительство было полностью виновато в последовавших за этим налетах немецкой авиации. Тактика террора Черчилля была до мелочей повторена США в необъявленной войне против Ирака, Сербии, Ирака снова и Афганистана, которая началась в марте 1999 года, в том же духе черчиллевского бездушия.

Курт Левин, чья ненависть к Германии не знала границ, разработал политику террористических бомбардировок гражданского жилья. Льюин был "отцом" стратегической бомбардировки, намеренно разработанной для уничтожения 65% домов немецких рабочих и неизбирательного убийства как можно большего числа немецких гражданских лиц.

Немецкие военные потери намного превышали потери среди гражданского населения, вызванные "бомбардировщиком"

Харрисом и его ночными налетами тяжелых бомбардировщиков RAF на жилье немецких рабочих. Это было крупное военное преступление, которое всегда оставалось безнаказанным.

Это опровергает пропаганду Тавистока о том, что Германия начала эти террористические рейды. В действительности, только после восьми недель террористических налетов на Берлин, которые нанесли большой ущерб гражданским домам и невоенным объектам и унесли тысячи жизней мирных жителей, Люфтваффе ответили атаками на Лондон. Ответные действия Германии последовали только после бесчисленных призывов Гитлера, обращенных непосредственно к Черчиллю, прекратить нарушение их соглашения, которые "великий человек" проигнорировал.

Черчилль, мастер лжи, непревзойденный лжец, с помощью и под руководством Льюина сумел убедить мир в том, что Германия начала бомбить гражданское население в качестве преднамеренной политики, в то время как, как мы видели, именно Черчилль был инициатором этого. Документы британского военного министерства и RAF отражают эту позицию. Ущерб, нанесенный Лондону Люфтваффе, был относительно невелик по сравнению с тем, что нанесли немецким городам RAF, но мир никогда не слышал об этом.

Мир увидел лишь небольшие участки Лондона, поврежденные немецкими воздушными налетами, и Черчилля, идущего по обломкам с выпяченной челюстью и зажатой между зубами сигарой - воплощение непокорности! Как хорошо Тависток научил его инсценировать такие события! (Мы видим отголоски аффектированной манеры Черчилля в Джордже Буше, который, похоже, прошел у него определенное "обучение").

Характер "бульдога" Черчилля был создан Тавистоком. Его истинный характер так и не был раскрыт. Безжалостная бомбардировка Фрайберга была тенью бездушной, варварской, нехристианской и бесчеловечной бомбардировки открытого и беззащитного города Дрездена, в результате которой погибло больше людей, чем в результате атомной бомбардировки Хиросимы.

Бомбардировка Дрездена и время ее проведения были хладнокровным решением "великого человека", принятым после консультации с Тавистоком, чтобы вызвать "шок" и произвести впечатление на своего друга, Иосифа Сталина. Это была прямая атака на христианство, которая должна была состояться во время Великого поста.

Не было никаких военных или стратегических причин для бомбардировки Дрездена в потоке огня, который был выбран целью Льюина. По моему мнению, зажигательная бомбардировка Дрездена, переполненного немецкими гражданскими беженцами, спасавшимися от наступления русских с востока, во время празднования Великого поста, является самым чудовищным военным преступлением из когда-либо совершенных. Однако, поскольку британцы и американцы были тщательно запрограммированы, обусловлены и промыты мозги, не было слышно ни единого шепота протеста. Военным преступникам, "бомбардиру" Харрису, Черчиллю, Левину и Рузвельту, сошло с рук это ужасное преступление против человечества.

5 мая 2005 года во время государственного визита в Берлин президент России Владимир Путин провел совместную конференцию с канцлером Германии Герхардом Шредером. В интервью немецкой газете *Beeld* он сказал, что с союзных войск нельзя снять ответственность за ужасы Второй мировой войны, в том числе за бомбардировки Дрездена:

> "Западные союзники не отличались особой гуманностью", - сказал он. "Я по сей день не понимаю, почему Дрезден был разрушен. Никаких военных причин для этого не было".

Возможно, российский лидер не знал о компании Tavistock и ее расследовании взрыва Prudential, которая отдала приказ о страшной бомбардировке, но, несомненно, читатели этой книги теперь будут знать, почему было совершено это варварское и ужасное злодеяние.

Давайте вернемся к Ризу и его ранней работе в Тавистоке, включающей эксперименты по промыванию мозгов на 80 000 солдат британской армии. После пяти лет "перепрограммирования" этих людей Риз был убежден, что его система превращения психически стабильных людей в больных сработает на любой массовой группе. Риз был уверен, что он может проводить "лечение" массовых групп, хотят они того или нет, и при этом жертвы даже не будут знать, что делается с их разумом. Когда Риза спросили о мудрости его действий, он ответил, что не было необходимости получать разрешение "испытуемых" перед началом экспериментов.

Способ действия, разработанный Ризом и его гуру, оказался эффективным. Метод манипуляции сознанием Риза-Льюина доказал свою эффективность и все еще широко используется в Америке сегодня, в 2005 году. Нами манипулируют, наше мнение вырабатывают за нас, и все это без нашего разрешения. Какова была цель этой модификации поведения? Это было насильственное изменение нашего образа жизни, без нашего согласия и даже без осознания того, что происходит.

Из числа своих самых способных студентов Риз отобрал тех, кого он назвал "моей первой командой", чтобы они стали первым эшелоном его "невидимых выпускников университета", "ударных войск", которые должны были занять ключевые посты в британской разведке, армии, парламенте и, позднее, в SHAEF (Верховный штаб союзных экспедиционных сил).

Затем "выпускники первой команды" полностью контролировали генерала Эйзенхауэра, который стал марионеткой в их руках. Выпускники "первой команды" были введены во все директивные органы США.

Первая команда выпускников" принимала политические решения Соединенных Штатов. Тайная команда", как они себя называли, отвечала за публичную казнь президента. Секретная команда", как ее называли, была ответственна за публичную казнь президента Джона Ф. Кеннеди на глазах у Америки и всего мира, чтобы показать будущим президентам, что они должны подчиняться всем директивам, полученным от "олимпийцев". Киссинджер был одним из многих "выпускников первой команды", занявших ответственные посты в правительстве США, О.С.С. и ФБР.

Майор Луис Мортимер Блумфилд, гражданин Канады, возглавлял пятый отдел контрразведки ФБР во время Второй мировой войны. В Великобритании именно Х.В. Дикс отвечал за расстановку "выпускников первой команды" на ключевые посты в разведке, Церкви Англии, Министерстве иностранных дел и военном министерстве, не говоря уже о парламенте.

Тависток мог проводить эксперименты военного времени в мирное время, имея в своем распоряжении все возможности, и благодаря этому опыту он смог укрепить свою хватку в американских и британских военных и разведывательных учреждениях.

В Америке зловещие опыты Тавистока полностью и навсегда изменили американский образ жизни. Когда эта правда будет признана большинством наших сограждан, когда они поймут степень контроля, который Тависток осуществляет над нашей повседневной жизнью, только тогда мы сможем защитить себя, если мы не стали автоматами в состоянии перманентного шока.

К 1942 году командная структура британских и американских военных и разведывательных служб настолько переплелась, что их уже невозможно было отделить или отличить друг от друга.

Это привело к тому, что наше правительство проводило множество странных и причудливых политик, большинство из которых прямо противоречили Конституции США и Биллю о правах и шли вразрез с желаниями нас, народа, выраженными нашими избранными представителями в Конгрессе. Короче говоря, наши избранные представители потеряли контроль над нашим правительством. Уинстон

Черчилль назвал это "особыми отношениями".

В конце Второй мировой войны ряд тщательно отобранных и профилированных высокопоставленных политических и военных чиновников из Великобритании и США были приглашены на конференцию под председательством Риза. То, что Риз рассказал группе, было взято из конфиденциальных записей, составленных одним из тех, кто присутствовал на встрече, но попросил остаться неизвестным:

> "Если мы хотим открыто решать национальные и социальные проблемы нашего времени, нам нужны шоковые войска, а их не может обеспечить полностью институциональная психиатрия.
>
> У нас должны быть мобильные группы психиатров, которые могут свободно передвигаться и контактировать с местной ситуацией в конкретных районах. В мире, полностью сошедшем с ума, группы психиатров, связанных друг с другом, каждая из которых способна влиять на всю сферу политики и управления, должны быть арбитрами, кабалой власти".

Есть ли что-нибудь более ясное? Риз выступал за анархическое поведение группы связанных психиатров для формирования первых команд его невидимых колледжей, свободных от социальных, этических и юридических ограничений, которые можно было бы перемещать в районы с психически здоровыми группами населения, которые, по мнению Риза и его команды, должны были стать больными с помощью "лечения" обратной психологией. Любое сообщество, которое успешно сопротивлялось массовому промыванию мозгов, как показали результаты "опросов", определялось как "здоровое".

За "первыми командами" последуют "ударные отряды", такие как мы видим среди экологических групп. И неудивительно, ведь ЕРА - это монстр, созданный "экологическими проблемами" Тавистока, которые были порождены самим Тавистоком и переданы ЕРА через шоковые войска.

ЕРА - не единственное создание, порожденное Тавистоком. Аборты и гомосексуализм - это отклонения, созданные и поддерживаемые Тавистоком.

Из-за программ, созданных и поддерживаемых Тавистоком, мы пережили в Соединенных Штатах ужасную деградацию нашей моральной жизни, нашей религиозной жизни; деградацию музыки аберрацией рок-н-ролла, которая становилась все хуже после относительно спокойного введения "Битлз", а затем рэпа и хип-хопа; разрушение искусства, как мы видим на PBS в дегенеративных объектах насмешек Мэпплторпа. Мы стали свидетелями распространения культуры наркотиков и усиления поклонения Золотому тельцу. Ни в одной цивилизации жажда денег не была так сильна, как в этой.

Таковы горькие плоды тавистокской политики, насаждаемой в нашем обществе "невидимыми выпускниками", которые стали членами школьных советов и проникли на руководящие должности в наших церквях. Они также заняли важные политические посты на уровне города и штата, где бы ни чувствовалось их влияние.

Выпускники" стали членами трудовых посреднических советов, школьных советов, университетских советов, профсоюзов, армии, церкви, средств массовой информации, средств развлечения и государственной службы, а также Конгресса, причем настолько, что для опытного наблюдателя становится очевидным, что Тависток взял бразды правления в свои руки.

Риз и его коллеги из Тавистока преуспели сверх своих самых смелых мечтаний, взяв под контроль ключевые институты, на которые опирается правительство. Родители - Комитет 300 - должны быть в восторге от прогресса, достигнутого зарождающимся Римским клубом.

Праздник 4 июля утратил всякий смысл. Больше нет никакой американской "независимости", которую можно было бы праздновать. Победы 1776 года были отвергнуты, в значительной степени перечеркнуты, и это лишь вопрос времени, когда Конституция США будет отвергнута в пользу нового мирового порядка. Во время пребывания у власти Г.У. Буша мы наблюдаем ускорение этого процесса.

# ГЛАВА 30

## Отсутствие выбора кандидатов на выборах

Давайте рассмотрим, как проводятся выборы. Американский народ не голосует за президента. Они голосуют за партийного кандидата, выбранного выборными должностными лицами партии, обычно под полным контролем Комитета 300. Это не голосование за кандидата в условиях свободного выбора, как нам так часто говорят. На самом деле у избирателей нет другого выбора, кроме как выбирать из заранее отобранных кандидатов.

Кандидаты, за которых, по мнению общественности, они голосуют по собственному выбору (нашему выбору), были тщательно проверены Тавистокским институтом, а затем нам промыли мозги, заставив считать их добродетельными.

Такие впечатления или звуковые фрагменты создаются в студиях таких аналитических центров, как "Янкелович, Скалли и Уайт", которым руководит выпускник Тавистока Дэниел Янкелович. Контролируемые Тавистоком "мозговые центры" говорят нам, как голосовать по их выбору. Со времени появления Янкеловича количество "профилирующих" производств увеличилось до более чем ста пятидесяти таких учреждений. Возьмем пример Джеймса Эрла Картера и Джорджа Буша. Картер вышел из относительной безвестности и "выиграл" Белый дом, что, по мнению медиа-магнатов, доказывает, что американская система работает.

На самом деле, избрание Картера доказало, что Тависток

управляет этой страной и может заставить большинство избирателей проголосовать за человека, о котором они почти ничего не знают. Сказать, что "система сработала" в отношении Картера, а позже в отношении Уильяма Джефферсона Клинтона, было именно той неадекватной реакцией, которую Тависток ожидал от массово промытого мозга населения.

Что отразил Картер, так это то, что избиратели будут голосовать за заранее выбранного для них кандидата. Ни один здравомыслящий человек не хотел бы видеть Джорджа Буша, человека из "Черепа и костей", своим вице-президентом, но мы получили Буша. Как Картер попал в Белый дом? Это произошло следующим образом: Д-р Питер Борн, штатный социальный психолог Тавистока, получил задание найти кандидата, которым Тависток мог бы манипулировать. Другими словами, Борн должен был найти "правильного" кандидата на эту должность в соответствии с правилом Тавистока, кандидата, которого можно было бы продать избирателям.

Борн, зная биографию Картера, выдвинул его имя на рассмотрение. Как только послужной список Картера был одобрен, американский электорат был "обработан", то есть подвергнут продолжительной кампании промывания мозгов, чтобы убедить их в том, что они выбрали Картера в качестве своего выбора. На самом деле, к тому времени, когда Тависток закончил свою работу, реальной необходимости в выборах уже не было. Это стало простой формальностью. Победа Картера была личной победой Риза, а победа Буша - победой методологии Тавистока. Еще больший успех принесла продажа Уильяма Джефферсона Клинтона в качестве кандидата в Белый дом - подвиг, который был бы невозможен в любой другой стране.

Затем последовала продажа Джорджа Буша, неудачливого бизнесмена, который избежал службы солдатом во Вьетнаме и имел очень мало опыта руководства.

Тавистоку пришлось вмешаться, но даже этого оказалось

недостаточно. Когда стало ясно, что Буш не победит, Верховный суд США незаконно вмешался в выборы в штате и присудил победу проигравшему.

Ошеломленный (шокированный) электорат позволил принять это массовое нарушение Конституции США, гарантируя, что их будущее будет в Новом Мировом Порядке - едином коммунистическом международном диктаторском мировом правительстве.

Риз продолжал развивать операционную базу Тавистока, приняв на работу Дорвина Картрайта, высококвалифицированного специалиста по профилированию населения. Одной из его специализаций было измерение реакции населения на нехватку продовольствия. Цель - получить опыт, когда пищевое оружие используется против группы населения, не желающей подчиняться правилам Тавистока.

Тависток планировал это так: Международные продовольственные картели поставят в угол производство и распределение мировых продовольственных ресурсов. Голод - это оружие войны, как и изменение климата. Тависток будет использовать оружие голода без ограничений, когда придет время. Продолжая расширение Тавистока, Риз принимает на работу Рональда Липперта.

Нанимая Липперта, компания Tavistock имела в виду, что в будущем ей удастся закрепиться в сфере контроля над образованием, начиная с детей младшего возраста. Липперт был экспертом в искусстве манипулирования сознанием молодежи. Бывший агент О.С.С., он является высококвалифицированным теоретиком и специалистом по смешению рас как средству ослабления национальных границ. Поселившись в Тавистоке, Липперт начал свою работу с создания "мозгового центра", посвященного тому, что он называл "взаимоотношениями между сообществами", что включало в себя исследование методов разрушения естественных расовых барьеров.

Так называемое законодательство о "гражданских правах"

является исключительно творением Риза и Липперта и не имеет под собой никакой конституционной основы.

(Полное объяснение так называемых "гражданских прав" см. в статье "Что нужно знать о Конституции США").

Кстати, надо сказать, что все законодательство о гражданских правах в Конституции США основано на 14 поправке, но проблема в том, что четырнадцатая поправка никогда не была ратифицирована. Поэтому он не является частью Конституции США, и все законы, основанные на нем, не имеют юридической силы. Фактически, в Конституции нет положений о гражданских правах.

Липперт создал обоснование "гражданских прав" Мартина Лютера Кинга, несмотря на то, что в федеральной конституции для этого не было никаких оснований. Вывоз детей из школ стал еще одним успехом промывания мозгов Липперта-Риза. Перевозка детей за пределы пункта назначения, безусловно, не является "правом". Чтобы продать идею "гражданских прав" широким слоям американского населения, были созданы три "аналитических центра":

- Исследовательский центр научной политики
- Институт социальных исследований
- Национальные учебные лаборатории

Через исследовательское подразделение по научной политике Липперт смог назначить тысячи своих "выпускников" с промытыми мозгами на ключевые должности в США, Западной Европе (включая Великобританию), Франции и Италии. Сегодня в Великобритании, Франции, Италии и Германии существуют социалистические правительства, основы которых были заложены Тавистоком.

Сотни топ-менеджеров самых престижных компаний Америки прошли обучение в одном или нескольких институтах Lippert. Национальные учебные лаборатории взяли под контроль двухмиллионную Национальную ассоциацию образования, и этот успех дал им полный контроль над преподаванием в американских школах и университетах.

Но, возможно, самое глубокое влияние на Америку оказал контроль Тавистока над НАСА, отчасти благодаря специальному отчету о космической программе НАСА, написанному доктором Анатолем Раппапортом для Римского клуба. Этот поразительный доклад был опубликован на семинаре в мае 1967 года, на который были приглашены только самые тщательно отобранные и профилированные делегаты из высшего эшелона корпораций и правительств наиболее промышленно развитых стран.

Среди участников были члены Института внешней политики, а Госдепартамент направил в качестве наблюдателя заговорщика Аквариумной эры Збигнева Бжезинского. В своем заключительном докладе симпозиум под контролем Тавистока назвал работу НАСА "неуместной" и предложил немедленно прекратить космические программы. Правительство США пошло навстречу, прекратив финансирование, что приостановило работу НАСА на 9 лет, пока советская космическая программа догоняла и опережала американскую.

В специальном докладе Раппапорта о НАСА говорилось, что агентство производит "слишком много квалифицированных людей, слишком много ученых и инженеров", чьи услуги не будут востребованы в меньшем, более красивом постиндустриальном обществе, создаваемом Римским клубом. Раппапорт назвал наших высококвалифицированных и подготовленных космических ученых и инженеров "лишними". Правительство США, которое, как я уже указывал, похоже, находится под влиянием Тавистока, затем прекратило финансирование. Вмешательство в деятельность НАСА - прекрасный пример того, как Великобритания контролирует внутреннюю и внешнюю политику США.

Жемчужиной в короне Тавистока является Аспенский институт в Колорадо, который на протяжении многих лет находится под руководством Роберта Андерсона, выпускника Чикагского университета, который занимает ведущее место в промывании мозгов в Соединенных Штатах. В Аспене находится североамериканская штаб-квартира Римского клуба, который учит, что возвращение к монархии было бы очень хорошо для Америки. Джон Несбитт, еще один выпускник Тавистока, регулярно проводит в Аспене семинары, на которых ведущие бизнесмены пропагандируют создание монархии.

Одним из студентов Несбитта был Уильям Джефферсон Клинтон, который в то время уже считался кандидатом в президенты. Несбитт, как и Андерсон, был ослеплен британскими королевскими особами и следовал их катарсическим доктринам фальшивых экологических проблем.

Философские радикалы ввели верования богомилов и катаров в социалистические круги Великобритании. Протеже Андерсона были Маргарет Тэтчер и Джордж Буш, чьи действия в войне в Персидском заливе показали, что Тависток хорошо выполнил свою домашнюю работу. Андерсон типичен для одураченных и с промытыми мозгами "лидеров выпускников". Его специализация - обучение целевых групп бизнес-лидеров экологическому образованию.

Экологические вопросы - сильная сторона Андерсона. Хотя Андерсон финансирует часть своей деятельности из собственных огромных финансовых ресурсов, он также получает пожертвования со всего мира, в том числе от королевы Елизаветы и ее мужа, принца Филиппа. Андерсон основал движение экологических активистов "Друзья Земли" и "Конференцию ООН по окружающей среде".

Помимо работы в Аспене, г-н Андерсон является президентом и генеральным директором компании Atlantic

Richfield Company-ARCO, в совет директоров которой входят следующие известные личности:

**Джек Конвей.**

Его лучше всего помнят по его работе в Фонде призыва "Юнайтед Уэй" и в качестве директора Фонда Форда Социалистического интернационала, причем оба эти направления являются настолько неамериканскими, насколько это вообще возможно. Конвей также является директором Центра перемен, информационного центра, специализирующегося на шоковых войсках Тавистока.

**Филип Хоули.**

Он является президентом лос-анджелесской фирмы "Хоули и Хейл", которая связана с компанией "Трансамерика", специализирующейся на создании антихристианских, антисемейных, проабортных, пролесбийских, прогейских, пронаркотических фильмов. Хоули связан с Bank of America, который финансирует Центр изучения демократических институтов, классический тавистокский мозговой центр, пропагандирующий употребление наркотиков и их легализацию.

**Доктор Джоэл Форт.**

Этот британский подданный, Форт, был членом правления газеты London Observer вместе с достопочтенным Дэвидом Астором и сэром Марком Тернером, директором Королевского института международных отношений (RIIA), чьим презренным американским слугой является Генри Киссинджер.

**Королевский институт международных отношений (RIIA)**

Совет по международным отношениям (CFR) был основан как родственная организация, де-факто среднее тайное правительство Америки - исполнительная ветвь Комитета 300. В мае 1982 года Киссинджер с гордостью объявил о контроле Тавистока над Америкой.

По этому случаю был дан ужин для членов РИИА. Киссинджер хвалил британское правительство, как и следовало ожидать от выпускника Тавистока. Своим лучшим глубоким голосом Киссинджер сказал: "В свое время, когда я был в Белом доме, я информировал британский МИД лучше, чем Госдепартамент США".

Общим знаменателем между тремя институтами Липперта является методология промывания мозгов, которой первоначально обучали в Тавистоке. Все три института Липперта финансировались правительственными грантами. В этих учреждениях ключевые государственные администраторы и политики обучались и обучаются подрывать устоявшийся образ жизни Америки, основанный на западной цивилизации и Конституции США. Цель - ослабить и в конечном итоге разрушить институты, составляющие основу Соединенных Штатов.

**Национальная ассоциация образования**

О степени контроля Липперта над Национальной ассоциацией образования можно судить по тому, как массово голосовали за Уильяма Джефферсона Клинтона члены ассоциации, которым промыли мозги учителя по указанию руководства.

**The Corning Group.**

Компания передала плантацию Уай в дар Институту Аспен, который стал главной тренировочной площадкой для новобранцев и "ударных отрядов" Нового века. Джеймс Хоутон, вице-президент Coming, является посланником семьи Пирпойнт Морган в компании Morgan Guarantee and Trust на Уолл-стрит. Морган получает ежедневные брифинги от RIIA прямо из Лондона, которые становятся ИНСТРУКЦИЯМИ, передаваемыми Госсекретарю США.

Бывший министр финансов Уильям Фаулер был частью интерфейса Corning-Aspen. Он является ведущим сторонником передачи фискальной политики США в ведение Международного валютного фонда (МВФ) и последовательно добивается того, чтобы Банк международных расчетов контролировал внутренние банковские операции США. Важно отметить, что плантация Уай была местом проведения арабо-израильских мирных переговоров, известных как Уайские соглашения.

**Исполнительный конференц-центр.**

Под руководством Роберта Л. Шварца этот "специализированный учебный центр" работает по образцу Института Эсален.

Шварц провел три года в Институте Эсалена и тесно сотрудничал с Олдосом Хаксли, первым "респектабельным" распространителем наркотиков в Тавистоке, ответственным за введение ЛСД среди американских студентов. Шварц также был близким другом антрополога Маргарет Мид и ее мужа Грегори Бейтсона. Покинув Стэнфорд и Эсален, Шварц переехал в Территаун Хаус, поместье Мэри Биддл Дьюк в Вестчестере, где, получив крупные гранты от IBM и AT&T, открыл Центр конференций для руководителей, первую очную "аспирантуру" Аквариума и Нового века для руководителей корпораций из всех секторов Америки, промышленности, торговли и банковского дела.

Тысячи руководителей и менеджеров американских компаний, особенно компаний из списка Fortune 500, сливки делового мира, заплатили по 750 долларов за голову, чтобы пройти обучение методологии Аквариумной эры на семинарах, проводимых Шварцем, Мидом, Бейтсоном и другими промывателями мозгов из Тавистока.

В свое время Шварц был тесно связан с Саентологией, а также был редактором журнала *TIME*.

**Институт Аспена**

- Центры New Age щедро финансировались компаниями IBM и AT&T.

Американцам, не имеющим доступа к подобной информации, трудно поверить, что IBM и AT&T, два больших имени в корпоративной Америке, имеют какое-либо отношение к контролю над разумом, промыванию мозгов, модификации поведения и трансцендентальной медитации, обучению чувствительности бахаистов, дзен-буддизму, обратной психологии и всем остальным вещам Нового века.

- Программы Аквариумной эры призваны сломить мораль американского народа и ослабить семейную жизнь. Христианство не преподается.

Сомнения возникнут у большинства американцев, которые не знают о том, в какой степени американские корпорации правят внутри страны и за рубежом способами, опасными для Конституции и Билля о правах США. Без корпоративной Америки у нас никогда бы не было войны во Вьетнаме, войны в Персидском заливе, войны против Сербии и второй войны против Ирака. Картер и Клинтон тоже не имели бы шанса сидеть в Белом доме!

Если то, что здесь написано, не соответствует действительности, эти компании всегда могут опровергнуть его истинность, но пока они этого не сделали. Было бы шокирующе узнать, что многие корпоративные гиганты, являющиеся для американской публики именами нарицательными, отправляют своих топ-менеджеров и управленческий персонал на промывку мозгов под руководством Шварца, Мида, Бейтсона, Джона Несбита, Левина, Картрайта и других специалистов по модификации поведения и контролю сознания из Тавистока: В Исполнительном конференц-центре лидеры бизнеса встречаются с Джоном Несбиттом, который обязан своим происхождением черной аристократии и дому Гельфов, более известному как дом Виндзоров; RIIA, Milner Groups - Круглый стол, Римский клуб и Институт Аспена. Несбитт - типичный представитель агентов, используемых британским правительством для руководства американской и внешней политикой.

Несбитт - убежденный монархист и эксперт Римского клуба

по нулевому росту промышленности, особенно тяжелой. Он верит в постиндустриальный нулевой рост, вплоть до возвращения мира к феодальному состоянию. На одном из сеансов промывания мозгов он сказал видным американским бизнесменам:

> "Соединенные Штаты движутся к монархии, подобной британской, и к системе правления, в которой Конгресс, Белый дом и Верховный суд будут носить лишь символический и ритуальный характер. Это будет настоящая демократия; американскому народу все равно, кто будет президентом; половина из них все равно не голосует. Американская экономика отходит от экономики национального государства и движется в сторону все более мелких центров силы, даже нескольких государств. Нам нужно заменить национальное государство географическим и экологическим мышлением".
>
> "США будут отходить от концентрации тяжелой промышленности. Автомобили, сталь, жилье никогда больше не возродятся. Буффало, Кливленд, Детройт, старые промышленные центры умрут. Мы движемся к информационному обществу. Есть и будет еще много боли, но в целом дела в экономике обстоят лучше, чем десять лет назад". Несбитт фактически повторил те самые чувства, которые выразил граф Давиньон в 1982 году.

# ГЛАВА 31

## Нулевой рост в сельском хозяйстве и промышленности: постиндустриальное общество Америки

В 1983 году я написал монографию под названием "Смерть сталелитейной промышленности", в которой подробно рассказал о том, как французскому аристократу Этьену Давиньону из Римского клуба было поручено сократить размеры американской сталелитейной промышленности.

На момент публикации многие были настроены скептически, но, основываясь на информации о Римском клубе, о котором большинство американцев и историков-международников никогда не слышали до моей одноименной статьи 1970 года, я был уверен, что предсказание Несбитта может сбыться, и в течение следующих семи лет оно сбылось, хотя и не во всех отношениях. Хотя некоторые части предсказаний Несбитта оказались ошибочными - их время еще не пришло, - во многих отношениях он был прав относительно намерений нашего тайного правительства.

Никто из капитанов промышленности, присутствовавших на сеансах промывания мозгов в Тавистокском ЕЭС, не посчитал нужным протестовать против слов Несбитта. В таком случае, как я мог ожидать, что такой неизвестный писатель, как я, о котором никто никогда не слышал, окажет какое-то влияние?

Конференции руководителей и тренинги в Tarrytown House доказали, что методы промывания мозгов Риза были безупречны. Это был форум, на котором присутствовали капитаны промышленности, элита американского бизнеса, вполне довольные тем, что участвуют в уничтожении американской сталелитейной промышленности, жертвуют своим уникальным внутренним рынком, который сделал Америку великой индустриальной нацией, разрывают Конституцию и Билль о правах и принимают геноцидные программы, призывающие к уничтожению половины населения мира; заменяя восточный мистицизм и каббалу христианством; аплодируя программам, которые приведут к разрушению нравственности нации и уничтожению семейной жизни; будущая балканизированная Америка.

Никто не может отрицать, глядя на состояние Америки в 2005 году, что Риз и его тавистокские методы проделали огромную работу по промыванию мозгов наших бизнес-лидеров, наших политических и религиозных лидеров, наших судей и педагогов, а также блюстителей морали нации, не говоря уже о Палате представителей и Сенате США.

В 1974 году профессор Массачусетского технологического института (MIT) Гарольд Айзексон в своей книге "*Идолы племени"* обнажил план Тавистока по объединению Мексики, Канады и США в государства, похожие на Балканы. Я напоминаю своим читателям, что Массачусетский технологический институт был основан Куртом Левином, тем самым Куртом Левином, который был изгнан из Германии из-за своих экспериментов по промыванию мозгов; тем самым Левином, который планировал расследование стратегических бомбардировок; теоретиком номер один Риза.

Все, что сделал Айзексон, - это изложил план Водолея в более читабельном и подробном виде, чем в исследовании Стэнфорда-Уиллиса Хармона о Водолее. В 1981 году, семь лет спустя, идеи Айзексона (Тавистокский Аквариумный план) были представлены общественности Джоэлом Галло, редактором газеты *Washington Post*, пресс-секретарем Дома Виндзоров и Римского клуба. Галло озаглавил свою презентацию "Девять народов Северной Америки". Версия Галло о плане Тавистока для будущей Америки включала:

- Гибель сталелитейной промышленности и упадок промышленности на промышленном Северо-Востоке и основание "Северо-Восточной нации".
- Дикси, формирующаяся нация Юга.
- Этопия, состоящая из прибрежных окраин Тихоокеанского Северо-Запада (Уиллис Хармон в своей статье об Аквариумной Эре использовал термин "экотопия").
- Баланс американского Юго-Запада должен быть объединен с Мексикой в качестве региона-жилища.
- Средний Запад будет называться "пустым районом".
- Части Канады и острова будут выделены "для специальных целей". (Возможно, эти территории станут местами будущих "гулагов", теперь, когда мы увидели немыслимое - центр реконструкции тюрьмы в Гуантанамо, где фактически практикуются контроль сознания и пытки).

Во всех этих последних областях не будет крупных городов, что противоречит "экотопии". Чтобы убедиться, что все поняли, о чем он говорит, Галло приложил к своей книге карту. Проблема в том, что американский народ не воспринял Галло всерьез. Тависток ожидал от них именно такой реакции, которую он назвал "идеальной реакцией на ошибку".

Американские правые выросли вместе с Рокфеллерами, Варбургами, масонством, иллюминатами, Советом по международным отношениям, Федеральным резервным сговором и Трехсторонней комиссией. О внутреннем устройстве было опубликовано не так много.

Когда я начал публиковать свои исследования в 1969 году, американский народ в основном не слышал о Комитете 300, Фонде Чини, Фонде Маршалла, Римском клубе, и уж тем более о Тавистокском институте, Черном дворянстве Венеции и Генуи. Вот список учреждений "Тавистокского промывания мозгов" в Соединенных Штатах, о которых сообщалось в моих монографиях, опубликованных в 1969 году:

- Стэнфордский исследовательский центр. В ней работает 4300 человек, а годовой бюджет составляет более 200 миллионов долларов.
- МИТ/Слоан. В компании работает 5000 человек, а ее годовой бюджет составляет 20 миллионов долларов.
- Уортонская школа Университета Пенсильвании. В ней работает от 700 до 800 человек, а годовой бюджет составляет более 35 миллионов долларов.
- Менеджмент и поведенческие исследования. В компании работает 40 человек, годовой бюджет составляет 2 миллиона долларов.
- Рэнд Корпорейшн. В компании работает более 2000 человек, годовой бюджет составляет 100 миллионов долларов США.
- Национальные учебные лаборатории. В ней работает 700 человек, годовой бюджет составляет 30 млн. долл.
- Гудзоновский институт. В ней работает от 120 до 140 человек, а годовой бюджет оценивается в 8 миллионов долларов США.
- Институт Эсален. В ней работает от 1 800 до 2 000 человек, а годовой бюджет составляет более 500 миллионов долларов США.

(Все данные за 1969 год)

Таким образом, только в США к 1989 году уже существовала тавистокская сеть из 10-20 крупных учреждений, плюс 400-500 средних учреждений с более чем 5000 взаимосвязанных сателлитных групп, все они вращались вокруг Тавистока. Вместе в них работает более 60 000 человек, так или иначе специализирующихся на поведенческих науках, контроле сознания, промывании мозгов, опросах и формировании общественного мнения.

И все они действовали против Соединенных Штатов, нашей Конституции и Билля о правах.

С 1969 года эти учреждения были расширены, и в сеть было добавлено большое количество новых учреждений. Они финансируются не только за счет крупных частных и корпоративных пожертвований, но и за счет самого правительства США. Среди клиентов компании "Тависток":

- Государственный департамент
- Почтовая служба США
- Министерство обороны
- ЦРУ: ВМС США Департамент военно-морской разведки
- Национальное разведывательное управление
- Совет национальной безопасности
- ФБР
- Kissinger Associates
- Университет Дьюка
- Штат Калифорния
- Джорджтаунский университет и многие другие.

Клиентами Tavistock являются частные лица и компании:

- Hewlett Packard
- RCA

- Цайлербахская корона
- Макдональд Дуглас
- IBM, Microsoft, Apple Computers, Boeing
- Кайзер Индастриз
- TRW
- Блайт Истман Диллон
- Wells Fargo Bank of America
- Bechtel Corp
- Halliburton
- Raytheon
- McDonnell Douglas
- Shell Oil
- Бритиш Петролеум
- Коноко
- Exxon Mobil
- IBM и AT&T.

Это далеко не полный список, который Тависток ревностно охраняет. Это только те имена, которые мне удалось узнать. Я бы сказал, что большинство американцев совершенно не обращают внимания на тот факт, что они находятся в тотальной войне, которая ведется против них с 1946 года; войне разрушительных масштабов и непрекращающегося давления; войне, которую мы быстро проигрываем и которая захлестнет нас, если только американский народ не сможет избавиться от своего предубеждения, что "это не может произойти в Америке".

# ГЛАВА 32

## Раскрытие высшего уровня секретного параллельного правительства

Единственный способ победить этого могущественного и коварного врага - обучать наш народ, особенно молодежь, Конституции и твердо стоять в нашей христианской вере. В противном случае наше бесценное наследие будет утрачено навсегда. Власть, которую Тависток имеет над этой нацией, должна быть разрушена.

Надеюсь, эта книга станет учебным пособием для миллионов американцев, которые хотят бороться с врагом, но до сих пор не могут определить этого врага.

Политические силы, контролируемые тайными обществами, все из которых выступают против республиканских и конституционных идеалов Америки, не любят ничего, что направлено на разоблачение Тавистокского института и их нелояльности к Америке, не говоря уже о том, что такие разоблачения нельзя высмеивать и игнорировать. Конечно, те, кто стремится разоблачить деятельность нашего тайного правительства, неизменно платят высокую цену за такие разоблачения.

Каждый, кто заинтересован в будущем Америки, не может позволить себе игнорировать то, как Тавистокский институт манипулирует американским народом и правительством, в то время как большинство американцев остаются в неведении относительно происходящего. С почти полным контролем нашей нации нашим секретным, параллельным, высшим правительством, Америка перестала быть свободной и независимой нацией. Начало нашего упадка в целом можно отнести к тому времени, когда Вудро Вильсон был "избран" британской аристократией.

В последнее время деятельность Тавистока в Соединенных Штатах в основном сосредоточена вокруг Белого дома, что побудило бывшего президента Г.Х.У. Буша, бывшего президента Клинтона и президента Дж. W. Буша вступить в войну против Ирака. Тависток возглавляет кампанию по уничтожению права граждан на хранение и ношение оружия в соответствии со Второй поправкой.

Это также помогло донести до ключевых членов законодательного органа, что Конституция США им больше не нужна, отсюда и масса принятых новых законов, которые вообще не являются законами, так как не отвечают критерию конституционности и поэтому не имеют юридической силы в соответствии с Конституцией США, как это было задумано отцами-основателями.

Тависток остается матерью всех исследовательских центров в Америке и Великобритании и лидером в области модификации поведения, контроля сознания и методов формирования мнений.

Институт Рэнд в Санта-Монике под руководством Тавистока создал явление, известное как "Эль-Ниньо", как часть эксперимента по изменению климата. Тависток также принимает активное участие в экспериментах с НЛО и наблюдениях за инопланетянами в рамках своих контрактов с ЦРУ по контролю сознания.

Институт Рэнд руководит программой МБР и проводит первичный анализ для иностранных правительств. Rand и Tavistock успешно профилировали белое население Южной Африки, чтобы проверить условия для захвата власти коммунистическим Африканским национальным конгрессом, при помощи и поддержке Госдепартамента США. "Епископ" Десмонд Туту, сыгравший ведущую роль в преамбуле к падению белого правительства, - творение Тавистока.

Джорджтаунский университет был полностью поглощен Тавистоком в 1938 году. Его структура и программы были переформатированы, чтобы соответствовать плану "мозгового треста" Тавистока как центра высшего образования. Это имело огромное значение для США, учитывая, что именно в Джорджтаунском университете господин Клинтон научился искусству манипулирования массами и разглашения информации.

Все полевые сотрудники Госдепартамента проходят обучение в Джорджтауне. Тремя самыми известными выпускниками этого университета являются Генри Киссинджер, Уильям Джефферсон Клинтон и Ричард Армитидж. Приверженцы "невидимой армии" Джорджтауна нанесли неисчислимый вред Соединенным Штатам и, без сомнения, будут играть свою роль в полной мере до самого конца, когда их вычислят, разоблачат и сделают безвредными.

Некоторые из самых страшных и ужасающих действий против Америки были спланированы в Тавистоке. Я имею в виду бомбардировку комплекса морской пехоты в аэропорту Бейрута, которая стоила жизни 200 нашим лучшим молодым военнослужащим. По имеющимся данным, один человек знал о готовящейся атаке ливанских террористов: государственный секретарь Джордж Шульц. По неподтвержденным в то время данным, Шульц был проинформирован о нападении Моссадом, израильской секретной службой.

Если Шульц получил такое своевременное предупреждение, он не передал его командиру базы морской пехоты в Бейруте. Шульц был и остается верным слугой Комитета 300 через компанию Bechtel.

Однако через год после того, как я высказал свои подозрения относительно Шульца и Бехтеля (1989), недовольный высокопоставленный агент "Моссада" сломал ряды и написал книгу о своем опыте.

Части книги содержали ту же информацию, которую я опубликовал годом ранее, что заставило меня поверить, что мои подозрения в отношении Шульца в 1989 году были не совсем беспочвенны. Весь этот эпизод напоминает мне предательство генерала Маршалла, который намеренно утаил от командующего на Гавайях информацию о готовящейся японской воздушной атаке на Перл-Харбор.

Появляется все больше свидетельств растущего вклада и влияния Тавистока в ЦРУ. Многие другие разведывательные агентства получают инструкции от Тавистока, включая Национальное разведывательное управление (NRO), Разведывательное управление Министерства обороны (DJA), разведку Казначейства и разведку Государственного департамента.

Каждый год в годовщину убийства президента Джона Кеннеди я вспоминаю о той важной роли, которую сыграла в планировании его публичной казни, в частности, роль, которую сыграла МИ-6. После 20 лет обширного расследования убийства Кеннеди я считаю, что приблизился к истине, подробно изложенной в монографии "Убийство президента Джона Ф. Кеннеди".

Нераскрытое убийство президента Кеннеди остается грубым оскорблением всего того, за что выступают Соединенные Штаты. Как получилось, что мы, якобы свободная и суверенная нация, позволяем скрывать преступление год за годом? Знают ли наши спецслужбы, кто совершил это преступление? Конечно, мы знаем, что убийство Кеннеди было совершено средь бела дня на глазах у миллионов американцев как оскорбление и предупреждение о том, что сфера влияния Комитета 300 выходит далеко за рамки того, от чего не сможет защититься даже наше высшее избранное должностное лицо?

Виновные в преступлении смеются над нашей растерянностью, уверенные, что их никогда не привлекут к ответственности, и превозносят успех своего преступного деяния и неспособность нас, народа, пробить корпоративную завесу, скрывающую их лица.

Масштабное сокрытие убийства Кеннеди по-прежнему имеет место. У нас есть все подробности того, как Комитет по убийству Палаты представителей не справился со своими обязанностями, игнорируя неопровержимые доказательства и цепляясь за хлипкие слухи; игнорируя очевидный факт, что рентгеновские снимки головы Кеннеди, сделанные в больнице Бетесда, были подделаны.

Список грехов Комитета 300 и его слуги, Тавистокского института, бесконечен. Почему комитет Сената не предпринял никаких усилий для расследования странного исчезновения свидетельства о смерти Кеннеди; жизненно важной улики, которую следовало найти, сколько бы времени это ни заняло и сколько бы это ни стоило? Адмирал Беркли, морской офицер, подписавший сертификат, также не был серьезно допрошен об обстоятельствах, связанных со странным - очень странным - необъяснимым исчезновением этой жизненно важной улики.

Я должен оставить тему убийства Джона Кеннеди (которое, как я полагаю, было проектом, связанным с Тавистоком) МИ-6 и главе 5-го отдела ФБР майору Луису Мортимеру Блумфилду. ЦРУ является клиентом Тавистока, как и многие другие правительственные учреждения США. За десятилетия, прошедшие после убийства, ни одно из этих агентств не прекратило сотрудничество с Тавистоком. На самом деле, Тависток включил в список своих клиентов множество новых государственных учреждений.

Просматривая свои документы, я обнаружил, что в 1921 году, когда Риз основал Тависток, он находился под контролем британской секретной службы SIS.

Таким образом, с момента своего основания Тависток всегда был тесно связан с разведывательной деятельностью, как, впрочем, и сегодня. Дело Рудольфа Гесса может представлять более чем второстепенный интерес для некоторых наших читателей. Напомним, что Гесс был убит двумя агентами СИС в своей камере в тюрьме Шпандау в ночь перед освобождением.

RIIA боялась, что Гесс раскроет то, что хранилось как мрачная тайна: тесные отношения между членами британской олигархии - включая Уинстона Черчилля - и немецким обществом Туле, лидером которого был Гесс.

Тот факт, что Тавистокский институт был назван в честь 11 герцога Бедфорда, маркиза Тавистокского, более чем интересен. Титул перешел к его сыну, маргинессе Бедфорд (12 фамилий). Именно в его поместье Гесс высадился, чтобы попытаться положить конец войне. Но Черчилль и слышать об этом не хотел и приказал арестовать Гесса и заключить его в тюрьму. Жена герцога Бедфордского покончила с собой, приняв передозировку снотворного, когда стало ясно, что Гесс никогда не будет освобожден, даже когда война закончится.

В своих работах "*Кто убил Рудольфа Гесса?*" и "*King Makers, King Breakers - The Cecils*" я показываю, насколько тесным было это виртуальное родство с Гессом и другими важными членами окружения Гитлера вплоть до начала Второй мировой войны. Если бы Гесс преуспел в своей миссии с герцогом Бедфордским, Черчилль и почти вся британская олигархия были бы разоблачены как мошенники.

То же самое произошло бы, если бы Гесса не держали в качестве одиночного узника в берлинской тюрьме Шпандау, в течение многих лет после окончания Второй мировой войны под охраной войск Великобритании, США и СССР, вопреки всякой логике и с огромными затратами (по оценкам, 50 000 долларов в день).

Поскольку изменившаяся Россия почувствовала, что может поставить в неловкое положение Америку и Британию - особенно Британию, она внезапно объявила, что Гесс будет освобожден. Британцы не могли позволить себе рисковать тем, что их военачальники будут разоблачены, поэтому был отдан приказ убить Гесса.

Tavistock предоставляет услуги зловещего характера этим людям, которых можно встретить по всей территории Соединенных Штатов, в каждом крупном городе. У них на ладони ведущие фигуры в этих городах, будь то полиция, городское правительство или любой другой орган власти.

Это также происходит в каждом городе, где иллюминаты и масоны вместе с Тавистоком осуществляют свои тайные полномочия и попирают Конституцию и Билль о правах.

Можно только задаться вопросом, сколько невинных людей сегодня сидят в тюрьме, потому что их не ознакомили с Конституцией и Биллем о правах; все они - жертвы Тавистока. Внимательно посмотрите телесериал "COPS".

Это стандартный документ Тавистока по контролю сознания и формированию мнений. Он содержит все возможные нарушения конституционных прав людей, арестованных или задержанных полицией. Я твердо убежден, что COPS призвана заставить общественность поверить в то, что грубые нарушения прав, свидетелями которых мы являемся, - это норма, что полиция действительно обладает чрезмерными полномочиями и что конституционные гарантии, на которые имеет право каждый гражданин, на практике не существуют. Программа COPS - это самая коварная программа промывания мозгов и контроля общественного мнения, и было бы совсем неудивительно обнаружить, что Тависток где-то участвует в этой программе.

# ГЛАВА 33

## Интерпол в США: его происхождение и цели раскрыты

Среди многих международных агентств, которые обслуживает Тависток, - частная разведывательная служба Дэвида Рокфеллера, более известная как Интерпол. То, что этой незаконной организации разрешено продолжать свою деятельность на федеральной территории в Вашингтоне, округ Колумбия, и под защитой правительства, является полным нарушением ее юридических обязательств. (Закон США запрещает иностранным частным полицейским агентствам работать в Америке. Интерпол - это частное иностранное полицейское агентство, действующее на американской земле, в то время как Конгресс смотрит в другую сторону, чтобы в один прекрасный день не быть вынужденным схватить эту надоедливую крапиву и вырвать ее с корнем).

Что такое Интерпол? Министерство юстиции США пытается объяснить деятельность Интерпола, уклоняясь от ответов на важнейшие вопросы. Согласно руководству 1988 года,

> "Интерпол действует на межправительственной основе, но не основан на международном договоре или конвенции или аналогичных правовых документах. Она была основана на конституции, разработанной и составленной группой полицейских, которые не представили ее на подпись дипломатам и никогда не передавали ее на ратификацию правительствам."

Как интересно! Какое признание! Если Интерпол не

попирает Конституцию США, то ничто не попирает. Где наблюдатели в Палате представителей и Сенате? Боятся ли они Тавистока и его влиятельного спонсора Дэвида Рокфеллера? Боится ли Конгресс Комитета 300? По крайней мере, так кажется. Интерпол - это незаконная организация, действующая в пределах границ Соединенных Штатов без санкции и одобрения нас, народа, в явное нарушение Конституции США и конституций всех 50 штатов.

Его члены являются назначенцами правительств различных стран без каких-либо консультаций с правительством США. Список членов никогда не был представлен в комитет Палаты представителей или Сената.

Его присутствие в Соединенных Штатах никогда не было санкционировано договором. Это привело к ряду обвинений в том, что некоторые правительства, контролируемые наркотиками - Колумбии, Мексики, Панамы, Ливана и Никарагуа - выбирают в качестве своих представителей людей, причастных к наркоторговле.

По словам Беверли Свитман из Национального центрального бюро (НЦБ) Министерства юстиции США (существование которого само по себе является нарушением Конституции), это государственное учреждение США существует исключительно для обмена информацией с Интерполом.

Принадлежащий и контролируемый Дэвидом Рокфеллером, Интерпол - это частное агентство с всемирной сетью связи, в той или иной степени вовлеченное в наркоторговлю - от Афганистана до Пакистана и Соединенных Штатов.

Взаимодействие подполковника Нивальдо Мадрина из Панамы, генерала Гильермо Медина Санчеса из Колумбии и некоторых элементов мексиканской федеральной полиции со статусом Интерпола указывает в этом направлении. История их участия в торговле наркотиками во время работы в Интерполе слишком длинна, чтобы повторять ее здесь, но достаточно сказать, что это гнусная история.

Однако, несмотря на то, что Интерпол является частной организацией, в 1975 году Организация Объединенных Наций (ООН) предоставила ему "статус наблюдателя", что позволяет ему (в полное нарушение Устава ООН) присутствовать на заседаниях и голосовать по резолюциям, хотя он не является организацией страны-члена ООН и не имеет правительственного статуса. Согласно Уставу ООН, членами ООН могут быть только государства (в полном понимании этого слова). Поскольку Интерпол не является государством, почему ООН нарушает свой собственный устав?

Считается, что ООН в значительной степени полагается на сети Интерпола, чтобы помочь найти частное оружие в руках граждан США, которые владеют им на основании права на Вторую поправку, как только ООН подпишет "договор" с Европейским союзом.

Правительство США должно разоружить все гражданское население стран-участниц.

Где американские законодатели, которые должны поддерживать и защищать Конституцию США? Где великие государственные деятели прошлого? Интерпол показывает, что вместо этого мы имеем политиков и законодателей, которые не исполняют принятые ими законы, боясь исправлять очевидные ошибки, которыми изобилуют все стороны, потому что если они будут соблюдать свою присягу, то, скорее всего, окажутся без своей выгодной работы.

Пересказать часть уже предоставленной информации: Тавистокский институт был основан в Сассексе, Англия, в 1921 году по приказу британской монархии с целью контроля над умами и формирования общественного мнения, а также для того, чтобы на тщательно изученной научной основе установить, когда человеческий разум разрушится, если его подвергнуть длительным эпизодам психологического стресса. Позже мы покажем, что он был основан до войны 11 герцогом Бедфордским, маркизом

Тавистокским.

В начале 1930-х годов фонд братьев Рокфеллеров также сделал значительный вклад в Тависток.

Следует отметить, что многие из ведущих практиков контроля сознания и модификации поведения были и остаются тесно связанными с тайными обществами, охватывающими культы множества различных идей и верований, включая Изиду-Орсирис, Кабалу, суфийский, катарский, богомильский и бахайский (манихейский) мистицизм.

Непосвященному человеку трудно поверить в саму мысль о том, что престижные институты и их ученые связаны с культами или даже с сатанизмом и иллюминистами. Но связь реальная. Мы можем понять, почему Тависток был так заинтересован в этих предметах.

Случаи случайной стрельбы в школах молодыми людьми, находящимися в состоянии длительного стресса и под воздействием наркотиков, вызывающих зависимость, примечательны тем, что во многих из этих трагических событий преступники почти всегда утверждают, что на совершение смертоносного поступка их направили "голоса". Нет никаких сомнений в том, что в этих трагических случаях действовал контроль сознания. К сожалению, мы увидим еще много подобных драматических эпизодов, прежде чем общественность поймет, что происходит.

Культуризм, контроль сознания, применение психологического стресса и модификация поведения - все это часть того, чему учат тавистокские ученые. На самом деле, встревоженная утечками информации, показывающими связь с учеными Тавистока, Палата общин Великобритании приняла законопроект, делающий законным проведение в местах, подобных Тавистоку, того, что в законопроекте называется "физическими исследованиями".

Однако термин "физические исследования" настолько

неоднозначен, что вызывает серьезные сомнения в том, действительно ли он означает то, о чем говорит, или, как утверждают некоторые критики, это просто термин, используемый для сокрытия того, что происходит на самом деле.

В любом случае, Тависток не был готов принять общественность в свое доверие. Но я могу сказать с абсолютной уверенностью, что агенты британских спецслужб МИ-6 и ЦРУ обучаются в Тавистоке метафизике, контролю разума, модификации поведения, ЭСП, гипнозу, оккультизму, сатанизму, иллюминизму и манихейским культам.

Речь идет не только о верованиях, основанных на реликвиях Средневековья. Это злая сила, которой обучают так, чтобы изменить контроль над разумом таким образом, о котором нельзя было подумать всего несколько лет назад. Не боясь возразить, я сделаю следующее предсказание: в ближайшие годы мы обнаружим, что все случайные выстрелы в школах, почтовых отделениях, торговых центрах вовсе не были случайными выстрелами. Они совершались обусловленными, контролируемыми сознанием субъектами, которых тщательно исследовали и подсаживали на опасные препараты, изменяющие настроение, такие как Prozac, AZT и Ritalin.

Общий знаменатель между несколькими из этих случайных расстрелов, начиная с Дэвида Берковица, так называемого убийцы "Сына Сэма"; все они без исключения говорили следователям, что "слышали голоса", приказывающие им стрелять в людей.

Дело Клипа Кинкеля, подростка из Орегона, который застрелил свою мать и отца, а затем расстрелял свою среднюю школу, - это признание, которое он сделал следователям, допрашивавшим его. На вопрос, почему он застрелил своих мать и отца, Кинкель ответил, что слышал "голоса", которые говорили ему застрелить их. Никто и никогда не сможет доказать, что Кинкель и другие были жертвами экспериментов ЦРУ по контролю сознания или что они действительно "слышали голоса", вызванные передачей компьютерными программистами DARPA.

Комитет по надзору Палаты представителей должен запросить документы ЦРУ по контролю сознания и проверить их на предмет связи со школьными расстрелами. Я считаю необходимым, чтобы такой приказ был направлен в ЦРУ без дальнейшего промедления.

В дополнение к моим собственным исследованиям на тему "физических исследований", Виктор Марачетти, проработавший в ЦРУ 14 лет, раскрыл существование программы физических исследований, разработанной Тавистоком, в рамках которой агенты ЦРУ пытались связаться с духами умерших бывших агентов. Как я уже говорил в своей монографии, упомянутой выше, у меня был большой личный опыт работы в "метафизических" областях, и я точно знаю, что многие британские и американские офицеры разведки индоктринированы в них.

Тависток называет это "поведенческой наукой", и за последние десять лет она развивалась так быстро, что стала одним из самых важных видов обучения, которое могут пройти офицеры. В программах Тавистока по ЭСП каждый участник является "добровольцем", соглашаясь на "корреляцию" своей личности с ЭСП, т.е. соглашаясь помочь Тавистоку найти ответ на вопрос, почему одни люди являются экстрасенсами, а другие - ЭСП.

Цель упражнения - сделать каждого агента МИ-6 и ЦРУ экстрасенсом, наделенным высокоразвитой ЭФУ. Поскольку прошло несколько лет с тех пор, как я непосредственно занимался этими вопросами, я обратился к коллеге, который все еще находится на "службе", чтобы узнать, насколько успешными были эксперименты Тавистока? Он сказал мне, что Тависток действительно усовершенствовал свои методы и что теперь можно сделать некоторых агентов МИ-6 и ЦРУ "ESP-перфектными". Здесь необходимо пояснить, что ЦРУ и МИ-6 поддерживают очень высокую степень секретности в этих вопросах.

Большинство агентов спецслужб, участвующих в этих программах, в большинстве своем являются членами иллюминатов или масонов, или и тех, и других. Короче говоря, техника "дальнего проникновения", столь успешно применяемая в обычном мире, теперь применяется и в мире духов!

Тавистокская программа дальнего проникновения и внутреннего направленного кондиционирования, разработанная доктором Куртом Левиным, с которым мы уже несколько раз встречались, - это, прежде всего, программа, в которой контроль мыслей практикуется на массовых группах. Поводом для создания этой программы послужило повсеместное использование пропаганды Бюро психологической войны британской армии во время Первой мировой войны. Эта интенсивная пропаганда была направлена на то, чтобы убедить британских рабочих в необходимости войны. Она также должна была убедить британскую общественность в том, что Германия - враг, а ее лидер - настоящий дьявол.

Эти масштабные усилия пришлось предпринимать в период с 1912 по 1914 год, потому что британский рабочий класс не верил, что Германия хочет войны, британский народ не хотел войны и даже не ненавидел немцев. Все это общественное восприятие должно было быть изменено. Второстепенной, но не менее важной задачей офиса было втягивание Америки в войну. Ключевым элементом этого плана было спровоцировать Германию на потопление "Лузитании", большого трансатлантического лайнера, построенного по образцу "Титаника".

Несмотря на предупреждения в объявлениях в нью-йоркской газете о том, что судно было переоборудовано в вооруженный торговый крейсер (АМС) и поэтому является объектом Женевских конвенций, "Лузитания" отправилась в Ливерпуль с полным экипажем пассажиров, включая несколько сотен американских пассажиров.

Трюмы корабля были заполнены большим количеством боеприпасов для британской армии, перевозка которых на океанских лайнерах была запрещена международными правилами ведения войны.

На момент попадания в него одной торпеды "Лузитания" была, по сути, вооруженным торговым крейсером (АМС). Пресса по обе стороны Атлантики была наводнена рассказами о немецком варварстве и неспровоцированном нападении на беззащитный лайнер, но американская и британская общественность, все еще нуждающаяся в "кондиционировании", не верила в эту историю. Они чувствовали, что "в государстве Дания что-то прогнило". Потопление "Лузитании" с большими человеческими жертвами стало той самой "искусственной ситуацией", которая была нужна президенту Вильсону, и она нагнетала американское общественное мнение против Германии.

Воспользовавшись этим опытом, Бюро психологической войны британской армии по приказу британской монархии создало Тавистокский институт человеческих отношений и поместило в него магната британской прессы Альфреда Хармсворта, сына юриста, родившегося в Чапелизоде близ Дублина. Позже он получил титул 12 герцога Бедфорда, лорда Нортклиффа.

В 1897 году, когда приближалась война, Хармсворт отправил одного из своих редакторов, Г.В. Стивенса, в Германию для написания статьи из шестнадцати частей под названием "*Под железной пятой*".

С точки зрения истинной обратной психологии, статьи восхваляли немецкую армию и одновременно предупреждали, что британская нация потерпит поражение, если начнется война против Германии.

В 1909 году Нортклифф поручил Роберту Блэтчфорду, высокопоставленному социалисту, отправиться в Германию и написать об опасности, которую представляет для Британии немецкая армия. Тема Блэтчфорда заключалась в том, что, по его наблюдениям, Германия "сознательно готовится уничтожить Британскую империю". Это соответствовало предсказанию Нортклиффа, опубликованному в "*Daily Mail*" (одной из его газет) в 1900 году, о том, что между Германией и Великобританией будет война. Northcliffe написал редакционную статью о том, что Британия должна тратить больше своего бюджета на оборону.

Когда началась война, Нортклифф был обвинен редактором газеты *The Star* в распространении атмосферы войны.

> "После кайзера лорд Нортклифф сделал больше, чем любой другой человек из ныне живущих, чтобы вызвать войну".

Бедный редактор не знал, что сам стал жертвой пропаганды, поскольку кайзер мало что сделал для продвижения войны и с некоторым презрением относился к британскому военному истеблишменту. Историки сходятся во мнении, что кайзер был не в состоянии контролировать немецкую армию. Именно на генерала Людендорфа должна была ссылаться *газета The Star*. Именно Нортклифф начал кампанию за призыв в армию в тот самый день, когда началась война между двумя странами.

Это было учреждение, где все аспекты массового промывания мозгов и формирования общественного мнения были доведены до высокого искусства. Была разработана политика и свод правил, кульминацией которых стало разработанное Тавистоком в 1930 году "дальнее проникновение и направленное внутрь кондиционирование", которое было применено против Германии в 1931 году.

В преддверии начала Второй мировой войны Рузвельт (который сам был масоном 33 степени и членом иллюминатов через Общество Цинциннати) обратился к Тавистоку за помощью, чтобы втянуть США в войну. Рузвельт получил задание от "300" помочь вытащить британские каштаны из огня, но для этого ему нужен был крупный инцидент, на который можно было бы повесить свою шляпу.

На протяжении 1939-1941 годов подводные лодки ВМС США, базировавшиеся в Исландии, атаковали и топили немецкие корабли, хотя законы о нейтралитете запрещали вступать в военные действия с воюющими сторонами. Но Германия не была привлечена к ответным действиям. Главным событием, которое ускорило вступление Америки во Вторую мировую войну, стало нападение Японии на Перл-Харбор. Это был тавистокский заговор против обеих наций. Чтобы облегчить это нападение, государственный секретарь Маршалл отказался встретиться с японскими эмиссарами, которые стремились избежать предстоящего конфликта.

Маршалл также намеренно отложил предупреждение своего командующего в Перл-Харборе до начала атаки. Короче говоря, и Рузвельт, и Маршалл знали о готовящемся нападении, но намеренно приказали не передавать эту информацию своим офицерам на местах в Перл-Харборе. Тависток сказал Рузвельту, что "только крупный инцидент" втянет Америку во Вторую мировую войну. Стимсон, Нокс и Рузвельт знали о готовящемся нападении, но ничего не сделали, чтобы остановить его.

Время от времени внимательные люди спрашивают меня:

> "Но разве такие лидеры, как лорд Хейг, Черчилль, Рузвельт и Буш, не понимают, сколько жизней будет потеряно в мировой войне? "

Ответ заключается в том, что, будучи запрограммированными личностями, "великие люди" не заботились о высокой цене человеческой жизни. Генерал Хейг - печально известный масон, иллюминист и сатанист - не раз заявлял о своей неприязни к британским низшим классам и доказал это, посылая волну за волной "британских рядовых" против неприступных немецких линий - тактика, которой избежал бы любой порядочный военный стратег.

Из-за бессердечного пренебрежения Хейга к собственным войскам сотни тысяч молодых британских солдат из "низших классов" погибли трагически и без необходимости.

Это вызвало ненависть британской общественности к Германии, как и предсказывало Бюро психологической войны британской армии. Многое из того, что я включил в эту книгу, было намеренно упущено из первой экспозиции. Я не думал, что американский народ готов понять метафизическую сторону Тавистока. Нельзя кормить ребенка мясом, на первом месте - молоко. Благодаря такому представлению Тавистока были открыты многие умы, которые в противном случае остались бы закрытыми.

# ГЛАВА 34

## Культ Ост-Индской компании

На протяжении веков британская олигархия была домом оккультизма, метафизики, мистики и контроля сознания. Булвер Литтон написал *"Тайны египетской книги мертвых"*, а многие адепты Теософского общества Энни Безант были выходцами из британских высших классов, которые пользуются популярностью и сегодня. Потомки катаров и альбигойцев из южной Франции и северной Италии эмигрировали в Англию и приняли название "савойярд". До них были богомилы на Балканах и пеликаны в Малой Азии. Все эти секты ведут свое происхождение от вавилонских манихеев.

Тавистокский институт проник в этот вид оккультизма, используя некоторые методы контроля сознания, разработанные Куртом Левином и его исследовательской группой. (Более подробную информацию см. в разделе "*Комитет 300*").

Ост-Индская компания (ОИК), а затем Британская Ост-Индская компания (БОВК) были первоначальными членами "300", чьи потомки правят миром сегодня. Опиум и торговля наркотиками как были основой торговли тогда, так и остались. Из этой сложной и высокоорганизованной структуры возникли социализм, марксизм, коммунизм, национал-социализм и фашизм.

Начиная с 1914 года, масштабные эксперименты по контролю сознания проводились в Колд Спринг Харбор, Нью-Йорк, центре расовой евгеники, спонсируемом миссис Э.Э. Гарриман, матерью Аверилла Гарримана, тогдашнего губернатора штата Нью-Йорк, который стал ведущей общественной и политической фигурой в США и Европе.

Великая леди влила в проект миллионы долларов собственных средств и пригласила немецких ученых принять участие в форуме. Многие тавистокские техники контроля сознания, особенно техника "обратной психологии", которой обучал Риз, зародились в Тавистоке и теперь являются основой для упражнений по контролю сознания, направленных на внедрение в сознание американской общественности идеи о том, что черная и цветная расы превосходят белую расу, "расизм" наоборот.

Немецкие ученые были приглашены миссис Гарриман и ее группой, состоящей из некоторых ведущих граждан того времени (1915), для участия в индоктринации в Колд-Харборе. После года или двух пребывания в Колд Спринг Харбор немецкий контингент вернулся в Германию и при Гитлере применил на практике расовую евгенику, изученную в Колд Спринг Харбор. Вся эта информация оставалась скрытой от американского народа, пока не была раскрыта в моей книге "*Кодовое слово кардинала"* и в нескольких монографиях, предшествовавших этой книге, а затем в моей книге "*СПИД - полное разоблачение"*.

## Тависток и Белый дом

Тавистокские методы формирования сознания постоянно использовались в Соединенных Штатах некоторыми из самых высоких и важных политических фигур в нашей истории, начиная с Вудро Вильсона и заканчивая президентом Рузвельтом. Каждый американский президент после Рузвельта находился под контролем "300" и Тавистокского института.

Рузвельт был типичным ментально контролируемым запрограммированным субъектом, обученным по методологии Тавистока. Он говорил о мире, готовясь к войне. Он захватил полномочия, на которые не имел права по Конституции США, ссылаясь на незаконные действия президента Вильсона в качестве авторитета, а затем объяснил свои действия "беседами у камина", что было тавистокской идеей для обмана американского народа. Подобно другому тавистокскому роботу, Джеймс Эрл Картер и президент Буш, его преемник, убедили американский народ, что все, что он делает, даже если это вопиюще неконституционно, делается в его интересах. Это не было похоже на Рузвельта, который прекрасно знал, что поступает неправильно, но, тем не менее, наслаждался своей задачей и выполнял поручение британской королевской семьи из Тавистока с энтузиазмом и с полным пренебрежением к человеческой жизни, как это бывает у всех оккультистов.

Когда президент Буш старший отдал приказ о вторжении в Панаму, это было вопиюще неконституционное действие, стоившее жизни 7000 панамцев, но это не мешало мистеру Бушу спать по ночам, как и гибель 150 000 иракских солдат в необъявленной (незаконной) войне против Ирака, которая должна была последовать за его "пробным запуском" для выяснения общественного мнения.

Картер не был чужд оккультизму; одна из его сестер была ведущей ведьмой в Америке. Картер считал себя "возрожденным христианином", хотя вся его политическая карьера была пронизана социалистическими и коммунистическими идеалами и принципами, которые он без колебаний воплощал в жизнь. Картер - пример настоящего раздвоения личности, чистый продукт Тавистока. Это отметил Хью Сайди, известный обозреватель основных СМИ, который писал в июле 1979 года:

> "Джимми Картер, который сейчас работает за закрытыми дверями в Белом доме, - это не тот Джимми Картер, которого мы узнали в первые 30 дней его президентства".

Картер, запрограммированный выпускником Тавистока доктором Питером Борном, прошел через руки другого тавистокского психолога, адмирала Хаймена Риковера, во время пребывания Картера в Аннаполисе.

Картер был заранее выбран Ротшильдами как человек, прекрасно подходящий для специальной подготовки, и как человек, который будет "адаптироваться к меняющимся обстоятельствам", готовый отступить от принципов.

Джон Фостер Даллес - еще одна фигура, прошедшая индоктринацию Тавистока, который был близок к Белому дому, занимая пост государственного секретаря. Даллес откровенно солгал комитету Сената США во время слушаний в Организации Объединенных Наций (ООН), нагло заявив под присягой о конституционности членства США в этом всемирном органе.

Даллес ослепил и ввел в заблуждение сенаторов относительно конституционности членства США в ООН и повлиял на достаточное количество сенаторов, чтобы они проголосовали за так называемый договор, который является не договором, а двусмысленным соглашением.

Конституция США не признает "соглашений", только договоры, подписанные соответствующими государствами. Однако проблема Даллеса заключалась в том, что ООН - это не страна. Тависток обошел это препятствие, посоветовав Госдепартаменту назвать документ "соглашением". Даллес был сатанистом, иллюминистом и членом ряда оккультных обществ.

Джордж Герберт Уокер Буш - еще один сертифицированный выпускник системы контроля сознания Тавистока, прошедший "обучение продуктами". Действия этого 33 градусного масона в Панаме и Ираке говорят о многом.

В Панаме, действуя по приказу RIIA и CFR, Буш-старший предпринял шаги по защите наркоденег в принадлежащих Рокфеллеру банках Панамы после того, как генерал Норьега раскрыл, что два из них были объектами отмывания денег в цепи наркоторговли.

Буш приказал вооруженным силам США вторгнуться в Панаму, не имея полномочий, выраженных единственным конституционным способом - совместным объявлением войны Палатой представителей и Сенатом Конгресса США, и грубо нарушив свои конституционные полномочия президента.

Отцы-основатели прямо запретили президенту осуществлять военные полномочия. Но, несмотря на отсутствие полномочий, Буш повторил вопиющее нарушение Конституции США, приказав вооруженным силам США вторгнуться в Ирак, снова без обязательного объявления войны и превысив свои полномочия. "Внутренне обусловленная" американская публика, шокированные жертвы тавистокской войны, не пошевелила ни единым мускулом, наблюдая за тем, как Конституция разрывается на куски.

Ее Величество Королева Елизавета II тепло поздравила Буша-старшего с "успешной" войной против Ирака и посвятила его в рыцари за его действия по попранию Конституции США. Это не первый раз, когда Елизавета награждает высокими наградами американских нарушителей закона.

Британские и американские оккультисты и иллюминисты нефтяных картелей все еще ведут войну на истощение против Ирака в 2005 году. Они не остановятся, пока не наложат свои жадные, окровавленные руки на нефтяные богатства Ирака, подобно тому, как Милнер украл золото буров во время англо-бурской войны (1899-1903).

Считаете ли вы, что реагируете на эту информацию "неподобающим образом"? Вы говорите: "Это не могут быть действия американского президента? Это абсурд.

Если это неадекватная реакция, обратите внимание на Бурскую войну, и вы быстро увидите, что Буш просто подражал сатанинскому варварству генералов лорда Китченера и лорда Милнера в их войне на уничтожение бурской нации. Точно так же стоит помнить, что трагедия в Уэйко началась под руководством Буша, и что вендетта против Дэвида Кореша была возглавлена лидером

Республиканской партии.

В то время как генеральный прокурор Рино и Клинтон проводили политику уничтожения, за которую был осужден Кореш, Джордж Буш играл ведущую роль в подготовке ужасной операции, в ходе которой погибли Кореш и 87 его сторонников.

Хотя это не общеизвестно, Тависток участвовал в планировании и, возможно, даже руководил нападением ФБР и ATF на Кореша и давидианцев. Тависток был представлен британскими подразделениями SAS, которые участвовали в обучении ATF и FBI тому, как уничтожить Кореша и его последователей и сжечь их церковь дотла. Уэйко был нечестивым черным искусством сатанизма в действии, не более и не менее.

Вычурный конец Кореша и его последователей типичен для сатанизма в действии, хотя большинство из тех, кто участвовал в этом чудовищном преступлении и нарушении прав человека и прав жертв в соответствии с 1^er^ , 2 , 5 и 10 не знали, что они находятся в руках сатанистов. Они даже не подозревали, что их используют духовные силы самого темного рода.

Массовое промывание мозгов в Америке, проведенное Тавистоком, настроило общественность против Кореша и давидианцев, создав основу для уничтожения жизней и имущества в Уэйко, при полном игнорировании Конституции и Билля о правах.

Бессмысленное уничтожение невинных жизней и имущества агентами федерального правительства, которые не имели юрисдикции в штате Техас (или любом другом штате, если на то пошло) и, следовательно, не имели полномочий делать то, что они делали, нарушило 10-ю поправку , защищающую граждан от чрезмерных действий федерального правительства. Штат Техас не вмешался, чтобы остановить нарушение 10 поправки, которое происходило в Вако, как это обязан был сделать губернатор в соответствии с Конституцией Соединенных Штатов и

Конституцией штата Техас.

Тависток прошел долгий путь с тех пор, как в 1895 году Рэмси Макдональд был отправлен в США, чтобы "шпионить за страной, чтобы заставить ее соответствовать установлениям социализма". Рэмси сообщил фабианцам, что для того, чтобы США стали социалистическим государством, необходимо уничтожить конституции штатов, а затем федеральную конституцию (именно в таком порядке); Уэйко стал воплощением этой цели.

Джон Маршалл, третий председатель Верховного суда США, и дело Лопеса, решенное 9 апелляционным судом , раз и навсегда прояснили, что федеральные агенты не имеют юрисдикции в пределах границ штатов, за исключением случаев расследования фальшивых долларов США. Это само по себе является оксюмороном, потому что так называемые "доллары США" - это не доллары США, а "банкноты Федерального резерва" - не валюта Соединенных Штатов, а банкноты частного, неправительственного центрального банка.

Зачем защищать мошенничество, даже если оно совершается правительством США? Когда писалась Конституция, отцы-основатели считали, что их отказ от центрального банка предотвратит появление такой фиктивной операции, как Федеральная резервная система. Конституционное положение защищает казначейские билеты США от подделок. Сомнительно, что банкнота Федеральной резервной системы, не являющаяся долларом США, будет пользоваться защитой Конституции США.

В Вако шериф не приказал агентам Тавистока и ФБР покинуть округ, потому что ФБР не расследовало подделку документов в соответствии с Конституцией США. ФБР находилось в Уэйко незаконно. Все это было частью тщательно спланированного упражнения, чтобы определить, как далеко федеральное правительство может зайти в нарушении Конституции, прежде чем его поймают на ошибке.

Подобно тому, как в начале Первой мировой войны британские средний и низший классы были настроены против Германии ложной пропагандой о том, что кайзер приказал своим солдатам отрезать руки маленьким детям, когда они вторглись в Бельгию и Голландию, Тависток запрограммировал американцев на ненависть к Корешу.

Ложь Тавистока о Кореше транслировалась день и ночь: Кореш занимался сексом с очень маленькими детьми в "комплексе". Его церковь, простую деревянную конструкцию, контролеры сознания Тавистока называли "комплексом". Еще одна грубая ложь Тавистока заключалась в том, что в "комплексе" давидианцев была лаборатория по производству амфетамина. Таким образом, термин "компаунд" стал в Тавистоке набившим оскомину словом.

Неудивительно, что господин Клинтон дал зеленый свет на то, чтобы давидцев травили газом, расстреливали, днем и ночью подвергали воздействию злой музыки и, наконец, сожгли заживо. Через покойную Памелу Гарриман г-н Клинтон познакомился с Тавистоком и был посвящен в индоктринацию контроля сознания во время учебы в Оксфорде. Впоследствии он познакомился с социализмом/марксизмом/коммунизмом, после чего был утвержден Тавистоком в качестве преемника Буша-старшего, который прослужил достаточно долго.

Тависток спланировал и провел массивную кампанию в СМИ, используя свое профилирование опросов, чтобы внедрить Клинтон в сознание американского народа как человека, лучше всего подходящего для руководства страной.

Именно Тависток организовал строго контролируемое интервью Клинтона телеканалу CBS, после того как Джениффер Флауэрс рассказала, что он был ее любовником последние 12 лет, и именно Тависток взял под контроль реакцию американского народа на интервью CBS. Таким образом, благодаря его обширной сети опросов и мнений, президентство Клинтона не было торпедировано, но если бы Тависток не контролировал интервью CBS от начала до конца, то, несомненно, Клинтон был бы вынужден с позором уйти в отставку.

Если вы ищете доказательства, если вы все еще "отрицаете", то сравните побег Клинтона с осуждением Гэри Харта по гораздо меньшему обвинению. Первым юристом Белого дома "новой эпохи Аквариума", прошедшим обучение по методологии Тавистока, был Марк Фабиани. Его способность справляться с ситуациями, которые, как ожидали все наблюдатели, потопят Клинтона, стала предметом обсуждения в Вашингтоне.

Секрет успеха Фабиани знали только 13 человек из внутреннего круга иллюминатов и масонской иерархии. Ланни Дэвис, сменивший Фабиани, был еще более успешен. Известный как "Доктор Спин", Дэвис сорвал планы двух специальных прокуроров, судьи Уолша и Кеннета Старра, и отразил все атаки республиканцев в Конгрессе, оставив Республиканскую партию в полном беспорядке.

Юрист, прошедший обучение в Тавистоке, возглавил смелый рейд по многочисленным врагам Клинтона в Конгрессе. Мастерский удар Дэвиса пришелся на слушания Комиссии Томпсона о финансировании избирательной кампании DNC и множество скандалов в Арканзасе.

План Тавистока был прост, и, как все простые планы, он был гениален. Дэвис собрал все газеты страны, в которых были опубликованы хотя бы самые незначительные материалы о проступках Клинтона, скандалах с привлечением средств и Уайтуотере. В тот же день, когда комитет Томпсона был в самом разгаре и жаждал крови президента, один из многочисленных помощников Дэвиса пробрался в переполненный зал слушаний и передал каждому из членов комитета папку с вырезками, которые собрал Дэвис.

Досье сопровождалось служебной запиской за подписью Дэвиса: то, что комиссия расследовала ценой миллионов долларов, было не более чем сбором "старых новостей". Что было расследовать, когда обвинения против Клинтон были вчерашней новостью?

Когда комиссия Томпсона потерпела поражение, а затем выдохлась и вышла из обращения, это стало большой победой для Тавистока и Белого дома. Премьер-министру Блэру пришлось использовать ту же формулу, чтобы обезоружить парламентских критиков, обвинявших его во лжи относительно причин вступления в войну с Бушем-младшим. Все сообщения *Daily Mirror* были "старыми новостями", сказал Блэр в ответ на вопрос, который мог бы стать убийственным. Член парламента, задавший вопрос, возглавлял движение за импичмент Блэра. Вместо ответа Блэр уклонился от ответа. Согласно парламентским правилам, депутат отработал свою "очередь", и у него не будет другой возможности попытаться заставить Блэра сказать правду.

# ГЛАВА 35

## Музыкальная индустрия, контроль сознания, пропаганда и война

Стоит отметить, что влияние Тавистока в Америке выросло с тех пор, как в 1946 году он открыл там свои офисы. Тависток довел до совершенства искусство дезинформации. Эти кампании по дезинформации начинаются с тщательно продуманных слухов. Они обычно насаждаются в правых кругах, где растут и распространяются как лесной пожар. В Тавистоке давно знают, что правое крыло является благодатной почвой для роста и распространения слухов.

По моему опыту, не проходит и дня, чтобы меня не попросили подтвердить те или иные слухи, обычно люди, которые должны знать лучше. Умная стратегия распространения дезинформации через слухи имеет двойное преимущество:

1) Это придает видимость достоверности историям, подброшенным кураторам.

2) К тому моменту, когда доказана ложность информации, дезинформация запятнала своих распространителей настолько, что их можно смело назвать "психами", "консерваторами с параноидальным уклоном", "экстремистами" и т.п.

В следующий раз, когда вы услышите подобный слух, хорошенько подумайте об источнике слухов, прежде чем передавать их дальше. Помните, как работают манипуляторы Тавистока: чем сочнее слух, тем больше вероятность того, что вы распространите его, став невольной частью коварной машины дезинформации Тавистока.

Переходя теперь к другой области знаний, в которой Тависток готовит своих выпускников, мы имеем в виду убийство важных политиков, которых нельзя купить и которых нужно заставить замолчать. Убийства президентов США Линкольна, Гарфилда, Маккинли и Кеннеди связаны с британской секретной службой MI6, а с 1923 года - с Тавистокским институтом.

Президент Кеннеди оказался невосприимчив к тавистокскому контролю сознания, поэтому он был выбран для публичной казни как предупреждение тем, кто стремится к власти, что никто не может быть выше Комитета 300.

Жуткое зрелище публичной казни Кеннеди было посланием американскому народу, которое он, возможно, не осознает даже сейчас. Возможно, Тавистокский институт подготовил план казни Кеннеди. Возможно, она также тщательно отбирала каждого из участников, начиная с Ли Харви Освальда, чей разум явно контролировался, и заканчивая Линдоном Джонсоном, чей контроль разума был не столь очевиден. Те, кто не подчинялся или пытался раскрыть правду, подвергались различным наказаниям, от позора до изгнания из общественной жизни и даже смерти.

От контроля Тавистока над президентами США, прошлыми и будущими, мы переходим к индустрии музыки и развлечений. Нигде промывание мозгов огромных слоев американской общественности не является более заметным, чем в "индустрии музыки и развлечений". Спустя десятилетия заблуждающиеся и непосвященные люди все еще сердятся на меня за то, что я раскрыл, что "Битлз" были проектом Тавистока. Теперь я ожидаю, что те же люди, которые говорят мне, что знают все об истории "Битлз", что они музыканты, а я нет, зададутся вопросом о следующем:

Знаете ли вы, что музыка "Рэп" - это еще одна программа Тавистока? Так же как и "Хип-Хоп". Какими бы бессмысленными и идиотскими ни были эти слова (их трудно назвать "словами"), они были разработаны специалистами по контролю сознания и модификации поведения, чтобы вписаться и стать частью программы Тавистока по борьбе с бандами в крупных американских городах. Главными распространителями этой "музыки", да и всей так называемой "рок" и "поп" музыки (простите за использование тавистокского жаргона) являются:

- Тайм Уорнер
- Sony
- Бертельсман
- EMI
- Капитал Групп
- Seagram Canada
- Philips Electronic
- Индия

**Тайм Уорнер**

Их годовой доход составляет 23,7 миллиарда долларов (данные 1996 года). Ее бизнес по изданию музыки насчитывает миллион песен через дочернюю компанию Warner Chappell. Среди них песни Мадонны и Майкла Джексона. Она печатает и издает ноты. В число рэп- и поп-лейблов Time Warner входят Amphetamine Reptile, Asylum Sire, Rhino, Maverick, Revolution, Luka Bop, Big Head Todd и The Monsters, продаваемые Warner REM.

Time Warner также распространяет альтернативные музыкальные лейблы через свою дочернюю компанию. Alternative Distribution Alliance, который охватывает большую часть Европы и особенно силен в Англии и Германии. Не случайно именно эти две страны стали мишенью манипуляторов из Тавистока.

Подстрекательство, в основном подсознательное, но все более открытое, к насилию, разнузданному сексу, анархизму и сатанизму в изобилии присутствует в песнях, распространяемых Time Warner. Это почти сектантское господство среди западноевропейской молодежи (а после распада СССР оно проникает также в Россию и Японию) угрожает европейской цивилизации, на создание и становление которой ушли тысячи лет. Огромная популярность молодежи и ее, казалось бы, ненасытный аппетит к такого рода нездоровой "музыке" пугает, как и то, что Тависток завладел умами тех, кто ее слушает.

Time Warner распространяет музыку через музыкальные клубы, которыми она владеет сама или сотрудничает с другими компаниями. Примером может служить Columbia House. Sony владеет 50% акций Columbia House.

Производственное подразделение Time Warner, WEA, выпускает компакт-диски, CD-ROMS, аудио-, видео-, цифровые многоцелевые диски, а другая дочерняя компания, Ivy Hill, печатает обложки и вкладыши для компакт-дисков. American Family Enterprises, еще одна дочерняя компания, занимается продажей музыки, книг и журналов в рамках 50% совместного предприятия с Heartland Music.

Time Warner Motion Pictures владеет студиями и производственными компаниями, включая Warner Bros, Castle Rock Entertainments и New Line Cinemas. Компания Time Warner Motion Pictures имеет 467 кинотеатров в США и 464 кинотеатра в Европе (данные 1989 года: сегодня, в 2005 году, цифры гораздо выше).

Его сеть вещания включает WB Network, Prime Star; Cinemax, Comedy; Central Court TV; SEGA Channel; Turner Classic Movies (Тед Тернер владеет 10% акций Time Warner).

Он вещает в Китае, Японии, Новой Зеландии, Франции и Венгрии. Ее кабельная франшиза насчитывает 12,3 миллиона абонентов.

ТВ/Производство/Дистрибуция: Warner Bros Television; HBO Independent Productions, Warner Bros. Television Animations; Telepictures Productions; Castle Rock Television; New Line Television, Citadel Entertainment; Hanna Barbara Cartoons; World Championship Wrestling; Turner Original Productions; Time Warner Sports; Turner Learning; Warner Home Videos. Его библиотека включает 28 500 наименований телевизионных программ и анимационных короткометражек.

Time Warner владеет радио CNN, приобретенным у Теда Тернера. Ей также принадлежит 161 розничный магазин, Warner Books, Littel, Brown, Sunset Books, Oxmoor House и Book of the Month Club.

Time Warner владеет следующими журналами: People; Sports Illustrated; Time; Fortune; Life; Money; Entertainment; Weekly; Progressive Farmer; Southern Accents; Parenting; Health; Hippocrates; Asiaweek; Weight Watchers; Mad Magazine; D.C. Comics; American Express Travel and Leisure; Food and Wine. Time Warner также владеет рядом тематических парков: Six Flags; Warner Bros; Movie World; Sea World of Australia.

Я надеюсь, что в этот момент читатель найдет время поразмышлять о том, какая огромная власть, во благо или во вред, находится в руках Time Warner. Очевидно, что этот гигант может сделать или сломать любого. И потом, не забывайте, что это клиент Тавистокского института. Страшно подумать, что эта мощная машина может сделать с общественным мнением и сформировать сознание молодежи, как мы видели в случае с Днями геев в Диснейленде.

## SONY

Доходы компании Sony в 1999 году оценивались в 48,7 миллиардов долларов. Это крупнейшая компания по производству электроники в мире. Музыкальное подразделение компании контролирует Rock/Rap/Pop;

Columbia; Rutthouse; Legacy Recordings; Sony Independent Label; MIJ Label; (Michael Jackson); Sony Music Nashville; Columbia Nashville. Sony владеет тысячами рок/поп лейблов, включая Bruce Springsteen; So-So Def; Slam Jazz; Bone Thugs in Harmony; Rage Against the Machine; Razor Sharp; Ghost-Face Killa; Crave; и Ruthless Relativity.

Если вы когда-нибудь задавались вопросом, как этот ужасный идиотизм с его высокопарными словами и подстрекательством к насилию мог так разрастись за такой короткий промежуток времени, то теперь вы знаете. Она поддерживается на расстоянии вытянутой руки компанией Sony. Тависток уже давно рассматривает Рэп как полезный вестник, предшествующий анархии и хаосу, которые становятся все ближе и ближе.

Sony распространяет лейбл альтернативного панк-рока Epitaph Record; Hell Cat; Rancid; Crank Possum Records и Blue Sting Ray's Epitome Surf Music. Кроме того, Sony публикует музыку через Sony/ATV Music Publishing. Sony владеет всеми "песнями" Майкла Джексона и почти всем диапазоном "Битлз".

Sony владеет кинотеатрами Loews Theatres, Sony Theatres, а ее телевизионные интересы включают игровые шоу. Она занимает около 15% рынка продаж музыки, нотных изданий и является крупнейшей международной музыкальной компанией в мире. Среди других продуктов Sony - компакт-диски, оптические диски, аудио- и видеокассеты.

Отель Loews в Монте-Карло является информационным центром по торговле наркотиками, и его сотрудники напрямую сообщают полиции Монте-Карло о любой "подозрительной деятельности", происходящей в отеле.

(Под "подозреваемым" мы подразумеваем любого постороннего, который пытается проникнуть в бизнес). Несколько человек из числа высокопоставленных сотрудников стойки регистрации прошли обучение в полиции Монте-Карло, чтобы следить за порядком.

Целью является не искоренение наркоторговли, а просто предотвращение попадания "новичков" в наркобизнес. Посторонние, прибывшие в отель Loews, получают информацию и быстро арестовываются. Эти события продаются прессе и мировым СМИ как "полицейские рейды". Подразделение Sony Motion Pictures состоит из Columbia Pictures; Tri-Star Pictures; Sony Pictures; Classic Triumph; Triumph Films с правами на фильмы Columbia Home Tri-Star. В сферу ее телевизионных интересов входят игровые шоу.

**Бертельсман**

Частная немецкая компания, принадлежащая Рейнхарду Мону, ее оборот в 1999 году оценивался в 15,7 миллиардов долларов. Bertelsman владеет 200 музыкальными лейблами в 40 странах, охватывающими рэп/рок/поп. Уитни Хьюстон; The Grateful Dead: Bad Boys: Ng Records, Volcano Enterprises; Dancing Cat; Addict; Gee Street (Jungle Brothers) и Global Soul. Все эти названия содержат откровенные призывы к сексуальным отклонениям, приему наркотиков, беззаконию и насилию. Компании Bertelsman принадлежат такие компании, как Arista Nashville (Пэм Тиллис), Career (Лерой Парнелл), RCA Label Group, BNA (Лорри Морган), а также саундтрек к "Звездным войнам", Boston Pops, New Age, Windham Hill и др. Компания публикует ноты через BMG Music, которая контролирует права на 700 000 песен, включая песни Beach Boys, Би Би Кинга, Барри Манилоу и 100 000 известных мелодий Paramount Studios. Она владеет семью музыкальными клубами в США и Канаде, а также выпускает кредитные карты для банка MBNA.

Компания Bertelsman A.G. ведет обширную работу в книжных магазинах по всему миру и является филиалом Комитета 300.

В состав холдинга Bertelsmann входят Doubleday; Dell Publishers; Family Circle; Parent and Child; Fitness; American Homes and Gardens, а также 38 журналов в Испании,

Франции, Италии, Венгрии и Польше. Телевизионные и спутниковые каналы Bertelsman работают в Европе, где он является крупнейшим вещателем. Компания очень мстительна и без колебаний нападет на любого, кто осмелится раскрыть то, что, по ее мнению, не отвечает ее интересам.

**EMI**

Британская компания, оборот которой в 1999 году оценивался в 6 миллиардов долларов, владеет шестьюдесятью музыкальными лейблами в сорока шести странах: Rock/Pop/Rap; Beetle Boys; Chrysallis; Grand Royal; Parlaphone; Pumpkin Smashers; Virgin; Point Blank.

EMI владеет и контролирует Rolling Stones, Duck Down, No Limit, N00 Tribe, Rap-A-Lot (The Ghetto Boys) и огромный бизнес по изданию нот. Она имеет прямую или полную долю в 231 магазине в семи странах, включая HMV, Virgin Megastores и Dillons (США). EMI имеет сетевые станции по всей Великобритании и Европе, некоторые из которых работают совместно с Bertelsmann.

**Капитал Групп**

Инвестиционная группа из Лос-Анджелеса продала 35% своих акций компании Seagram's, спиртовой компании Бронштейнов и старшего члена Комитета 300. Seagram's владеет 80% акций Universal Music Group (ранее MCA), которая сейчас принадлежит Matushita Electric Industries.

Доходы компании в 1999 году оценивались в 14 миллиардов долларов. Seagram владеет более 150 000 авторских прав, включая Impact: Mechanic; Zebra; Radioactive Records; Fort Apache Records; Heavy D and the Boys.

Capital Group имеет совместные предприятия со Стивеном Спилбергом, Джеффри Катценбургом и Дэвидом Геффеном. В подразделении "Кантри и Вестерн" компании принадлежат Реба Макинтайр, Вайнона, Джордж Стрейт; Долли Партон; Ли Энн Раймс и Хэнк Уильямс.

Через Seagram компания владеет Fiddler's Green (Денвер); Blossom Music Center (Кливленд); Gorge Amphitheater (штат Вашингтон); Starplex (Даллас). Она распространилась на Торонто и Атланту. Capital Group, через свое подразделение Motion Picture, владеет Деми Мур, Дэнни Де Вито, Пенни Маршалл и множеством более мелких деятелей киноиндустрии. Universal Films Library принадлежит Capital Group, как и Universal Films Library. Компании принадлежат 500 розничных магазинов, несколько отелей и Universal Studios в Голливуде.

**Индия**

Одна из самых маленьких компаний в индустрии музыки и развлечений, ее годовой доход оценивается в 5 миллиардов долларов. Компания имеет значительный портфель лейблов, выпускающих рок/рэп/поп-музыку, в основном самых странных жанров.

Его подразделение "Кантри и вестерн" владеет Вилли Нельсоном, а дистрибуция осуществляется через "Большую шестерку". Даже не имея собственных розничных магазинов или независимых торговых точек, компании удалось захватить поразительные 21% продаж музыки в США.

Важно отметить, что большая часть его доходов поступает от продаж странного рэп/поп/рока с насилием, оскорблениями, нецензурной лексикой, сексуально наводящими заголовками, анархией - что показывает, в каком направлении движется американская молодежь.

**Philips Electronic**

Оборот этой голландской компании в 1996 году составил 15,8 миллиарда долларов. Хотя эта компания в основном занимается электроникой, она входит в категорию "Большой шестерки", главным образом потому, что ей принадлежит 75% Polygram Music. Портфолио лейблов компании относится к сфере рок/поп/рэп. Элтон Джон - одно из его свойств. Philips является третьим по величине музыкальным издателем с 375 000 авторских наименований.

Через свои филиалы в Европе и Великобритании компания Philips произвела 540 миллионов компакт-дисков и кассет VHS в 1998 году. Ее подразделение Motion Pictures владеет компанией Джоди Фостер, а Philips Television - Sundance Films и Propaganda Films Роберта Редфорда.

Приведенная выше информация должна дать вам, читатель, представление о том, какую огромную власть эта гигантская индустрия имеет над нашей повседневной жизнью; как она формирует сознание молодых американцев. Без передового контроля и методов, предоставленных этим компаниям компанией Tavistock, гигантские успехи, достигнутые отраслью, были бы невозможны. Информация, которую я предоставил, должна потрясти вас до глубины души, когда вы поймете, что Тависток контролирует "новости", которые мы видим, "домашние фильмы" и телеканалы, которые нам разрешено смотреть, музыку, которую мы слушаем.

За этим гигантским предприятием стоит Тавистокский институт человеческих отношений. Как я ясно показал, Америка шагает в ногу с гигантской кино- и музыкальной индустрией; силы, доселе неизвестные - могущественные силы, единственной целью и задачей которых является извращение, извращение и искажение сознания нашей молодежи, чтобы облегчить введение нового социалистического мирового порядка Комитетом 300 - установление единого мирового правительства, в котором новые коммунисты будут править миром.

Информация, которую я вам представил, должна вызывать у вас сильное беспокойство, поскольку вы думаете о будущем ваших детей и молодежи Америки, узнав и поняв, что их кормят анархистскими идеями, революционным пылом и подстрекательством к приему наркотиков, свободному сексу, абортам, лесбиянству и принятию гомосексуализма.

Без этой гигантской индустрии музыки и развлечений Майкл Джексон был бы детским и ничтожным существом, но его "накачали", и Тависток рассказал молодежи нашей страны, какой он великий и как они, молодежь западного мира, любят его! Это также связано с возможностью контролировать средства массовой информации.

Поскольку индустрия музыки и развлечений является тем, что я называю "открытым секретом", разработанным Тавистоком, я не ожидаю, что моя работа на эту жизненно важную тему будет принята как полная правда, по крайней мере, до 2015 года, когда я предсказываю начало "Армагеддона", тотальной ядерной войны САВ, когда гнев Божий обрушится на Соединенные Штаты Америки. Но что касается массового контроля над СМИ, то даже неосведомленному наблюдателю нетрудно увидеть, услышать и прочитать, что в США действительно есть контролируемые СМИ, созданные Тавистокским институтом. Именно этот фактор привел к избранию президента Буша, а затем, к изумлению всей Европы и, по крайней мере, половины американского электората, к его избранию на второй срок, несмотря на его удручающий послужной список.

Как это произошло? На этот вопрос легко ответить: из-за краха национальных СМИ США. Ведущие вещательные компании отказались от своей обязанности продвигать общественные интересы; они больше не чувствовали себя обязанными освещать обе стороны вопросов.

Национальные СМИ активизировали свою политику "смешения новостей и вымысла", которая началась с "Войны миров".

Хотя это привлекло зрителей и увеличило доходы, это не изменило давнюю доктрину справедливости вещания, столь необходимую для потока информации в свободном обществе. В последние годы эта серьезная проблема усугубляется подъемом правой "громовой бригады", которая не терпит никаких противоположных мнений. Они передают только мнение администрации Буша и без колебаний искажают и "раскручивают" новости в тавистокском стиле.

Это подтвердил совместный опрос, проведенный в 2004 году Центром политических исследований, Центром политических установок, Программой по международным политическим установкам и Центром исследований в области международной политики и безопасности. То, что они обнаружили, на самом деле является ключом к разгадке того, почему Буш все еще находится в Белом доме, и данью уважения к силе профессиональной пропаганды:

- 75% приверженцев Буша не убеждены выводом президентской комиссии о том, что Ирак не имеет никакого отношения к Аль-Каиде.
- Большинство сторонников Буша считали, что большая часть исламского мира поддержала США во вторжении в Ирак. Это полностью противоречит фактам. Египет, мусульманское государство, не поддерживает США, и большинство египтян хотят, чтобы США ушли из Ирака. Турция, которая, хотя и является светским государством, в подавляющем большинстве является мусульманской страной, выступает против присутствия США в Ираке 87% голосов и отвергает причины, приведенные для вторжения.
- Семьдесят процентов приверженцев Буша считают, что у Ирака было ОМУ.

То, что я здесь написал, является неоспоримой истиной, но для ее подтверждения потребуется крупное событие, точно так же, как потребовалось 14 лет для моей книги "Комитет 300" и 25 лет для моего доклада "Римскому клубу", чтобы его подтвердил сам Александр Кинг. Но нет никаких сомнений в том, что сегодня, в 2005 году, Тависток контролирует каждый аспект жизни в Америке. От него не ускользает ни одна мелочь.

В 2005 году мы наблюдаем поразительное влияние и власть Тавистокского института и его старших хозяев, Комитета 300, на то, как Соединенными Штатами управляет президент Джордж Буш, и на то, что Буш говорит и делает без вопросов и сомнений.

Причины этих ошибочных убеждений найти несложно. В 1994 году администрация Буша неоднократно сообщала американской общественности, что Ирак обладает ядерным оружием, готовым к применению. Сообщения администрации Буша о том, что президент Хусейн поддерживал подразделения Аль-Каиды в Ираке и что Аль-Каида несет ответственность за нападение на Всемирный торговый центр (ВТЦ), также были выданы за правду, не имеющую под собой никакой основы. Однако радиосеть "Ревущие правые" (RRRN) с радостью повторяла эти ошибки, включая Ханнити и Комбса и Fox News. Ханнити услужливо сообщил своей аудитории, что оружие было передано Сирии. Он так и не предложил ни малейшего доказательства в поддержку своего утверждения. Кроме того, Fox News и другие радиопередачи извергают массу пропаганды. Основными представителями радиопропаганды в пользу администрации Буша являются :

- Раш Лимбо
- Мэтт Друдж
- Шон Хэннити
- Билл О'Рейли
- Такер Карлсон
- Оливер Норт
- Джон Стосселл
- Гордон Лидди
- Пегги Нуна
- Ларри Кинг

- Майкл Рейган
- Гордон Лидди
- Дик Моррис
- Уильям Беннетт
- Майкл Сэвидж
- Джо Скарборо

Ларри Кинг - одна из наиболее подготовленных марионеток Тавистока. В редких случаях, когда на его шоу появляются противники войны Буша, он дает им около двух минут на изложение своих аргументов, после чего пять пробушевских "экспертов" опровергают смелого несогласного.

Почти все упомянутые выше радиоведущие в той или иной форме прошли обучение у экспертов Тавистока. Изучая их методологию, мы видим явное сходство с методами презентации, отточенными в Тавистоке. То же самое относится и к телевизионным личностям, "ведущим новостей" и их "новостям", которые не отличаются ни по содержанию, ни по стилю. Все без исключения имеют отличительный знак Тавистокского института.

Соединенные Штаты находятся в тисках крупнейшей и наиболее продолжительной программы массового контроля сознания (промывания мозгов) и "кондиционирования", и это отражается на каждом уровне нашего общества. Мастера манипуляций, обмана, попустительства, сокрытия, полуправды и их брата-близнеца, откровенной лжи, держат американский народ за горло.

Черчилль, до того как его "преобразили", заявил в Палате общин, что большевики "захватили Россию за волосы ее головы". Мы смеем утверждать, что "Тависток захватил голову и разум американского народа".

Если не произойдет великого пробуждения духа 1776 года и возрождения, которое имело место среди поколения, последовавшего за отцами-основателями, Соединенные

Штаты обречены на крах, подобно тому, как рухнули греческая и ромейская цивилизации.

Необходимо сформировать нашу собственную "невидимую армию" "ударных войск", которые отправятся в каждую деревню, каждый город, каждый населенный пункт по всей территории Соединенных Штатов, чтобы возглавить контрнаступление, которое приведет к отступлению и окончательному поражению войск Тавистока.

# ПРИЛОЖЕНИЕ

## ВЕЛИКАЯ ДЕПРЕССИЯ

Монтагу Норман, тогдашний управляющий Банка Англии и близкий друг семьи фабианской социалистки Беатрис Поттер Уэбб, совершил неожиданный визит в США в преддверии начала Великой депрессии. Как видно, это было "надуманное событие", подобное потоплению "Лузитании", которое привело к вступлению США в Первую мировую войну.

**События, приведшие к Великой депрессии 1930-х годов.**

**1928**

23 февраля - Монтагу Норман посетил г-на Моро, президента Банка Франции.

14 июня - Герберт Гувер выдвинут кандидатом в президенты от Республиканской партии.

18 августа - Монтагу Норман переизбран президентом Банка Англии.

6 ноября - Герберт Гувер избран президентом США.

17 ноября - Монтагу Норман переизбран управляющим Банка Англии.

**1929**

1er января - Газета *"Нью-Йорк Таймс"* утверждает, что в 1929 году ожидается большой отток золота из США.

14 января - Евгений Р. Блэк был переизбран на должность

управляющего Федеральным резервным банком Атланты, штат Джорджия.

26 января - По сообщениям прессы, предстоящий визит Монтагу Нормана не связан с перемещением золота из Нью-Йорка в Лондон.

30 января - Монтагу Норман прибывает в Нью-Йорк; он утверждает, что делает визит вежливости к Г.Л. Харрисону.

31 января - Монтагу Норман провел день с представителями Федерального резервного банка.

4 февраля - Монтагу Норман заявляет, что его визит не должен привести к немедленным изменениям в положении стерлинга или золота. Конгрессмен Лоринг М. Блэк-младший представляет резолюцию, в которой спрашивает Федеральный резервный совет, разговаривал ли он с Монтагу Норманом во время или около того, когда он выпустил свое кредитное предупреждение.

10 февраля - Представитель Блэк вносит резолюцию, в которой просит президента Кулиджа и секретаря Меллона разъяснить визит Нормана, который не является официальным лицом Банка Англии.

12 февраля - Эндрюс заявляет, что утверждение о том, что Федеральный резервный банк потерял контроль над денежной ситуацией, является иллюзией, и утверждает, что банк может регулировать рынок по своему усмотрению, действуя по принципу редисконтирования. Его заявление "вызвало неоднократные обвинения в том, что Федеральная резервная система потеряла контроль над экономикой". "

19 февраля - резолюции Блэка отклонены Банковским и Валютным комитетом.

26 февраля - газета "*Нью-Йорк Таймс*" сообщает, что многие банки обратились в Федеральный консультативный совет с просьбой оказать содействие в ограничении кредитования спекуляций на фондовом рынке.

4 марта - Герберт Гувер приведен к присяге в качестве

президента.

12 марта - министр финансов Меллон заявляет, что не будет вмешиваться в политику Совета.

21 марта - Федеральный резервный банк Чикаго предпринимает шаги по сокращению биржевого кредитования путем сокращения спекулятивных займов на 25-50%.

1er апреля - В своем апрельском экономическом отчете Национальный городской банк призывает повысить учетную ставку до 6%, чтобы сдержать чрезмерные спекуляции на фондовом рынке. Банк, принадлежащий Рокфеллеру!

5 мая Федеральная резервная система Канзас-Сити повышает ставку редисконтирования до 5%.

14 мая - Федеральный резервный банк Миннеаполиса повышает ставки редисконтирования до 5%.

19 мая - Повышение ставки редисконта до 5% объявлено единой; запрос Нью-Йорка и Чикаго на ставку в 6% отклонен.

23 мая - Консультативный совет рекомендует ставку редисконтирования в размере 6%.

9 августа - Федеральный резервный банк Нью-Йорка повысил ставку до 6%; этот шаг был назван "умным".

3 сентября - Национальный городской банк (банк Рокфеллера-Стандарт Ойл) в своем ежемесячном бюллетене заявляет, что эффект от повышения ставки редисконтирования является неопределенным.

29 октября - Крах фондового рынка положил конец послевоенному процветанию; 16 000 000 акций, включая неограниченные короткие продажи, переходят из рук в руки.

К концу года снижение стоимости акций достигло $15 000 000 000; к концу 1931 года потери акций достигли $50 000 000 000.

Ноябрь - Федеральный резервный банк Нью-Йорка снижает ставку редисконтирования до 5%.

11 ноября - Монтагу Норман избран управляющим Банка Англии на одиннадцатый срок.

15 ноября - Ставка редисконта снижается до 4,5%.

На протяжении первой половины 1929 года постоянно поступали сообщения о поставках золота в США из Лондона и в Лондон, создавая впечатление, что отчет от 1[ег] января был точным. Однако с обвалом фондового рынка началось серьезное бегство золота из США.

**Курт Левин**

Работы Курта Левина (1890-1947) оказали глубокое влияние на социальную психологию и опытное обучение, групповую динамику и исследования действий. Левин родился 9 сентября 1890 года в деревне Могильно в Пруссии (ныне часть Польши). Он был одним из четырех детей в еврейской семье среднего класса (его отец владел небольшим универсальным магазином и фермой).

Они переехали в Берлин, когда ему было пятнадцать лет, и он был зачислен в гимназию. В 1909 году Курт Левин поступил в университет Фрайберга для изучения медицины. Затем он перешел в Мюнхенский университет для изучения биологии. В это время он стал участвовать в социалистическом движении. Особое внимание он уделяет борьбе с антисемитизмом и демократизации немецких институтов.

Он получил докторскую степень в Берлинском университете, где заинтересовался философией науки и открыл для себя гештальт-психологию. Докторская степень была присуждена ему в 1916 году, но в то время он служил в немецкой армии (он был ранен в бою). В 1921 году Курт Левин поступил на работу в Институт психологии Берлинского университета, где проводил семинары по философии и психологии. Он начал делать себе имя в издательской и преподавательской деятельности. Его работы стали известны в Америке, и его пригласили провести шесть месяцев в качестве приглашенного профессора в Стэнфорде (1930). В 1933 году, когда политическая ситуация в Германии значительно ухудшилась, он вместе с женой и дочерью уехал в США.

Позже он стал работать в Тавистокском институте в различных прикладных исследовательских инициативах, связанных с военными действиями (Вторая мировая война), в частности, с влиянием на моральный дух сражающихся войск и психологической войной. Он всегда был убежденным социалистом. Он основал Центр групповой динамики в Массачусетском технологическом институте. Он также участвовал в программе - Комиссии по взаимоотношениям общин в Нью-Йорке. Т-группы", которыми прославился Льюин, стали результатом этой программы, направленной на устранение религиозных и расовых предрассудков.

Льюин получил финансирование от Управления военно-морской разведки и тесно сотрудничал с ним в подготовке его агентов. Национальные учебные лаборатории - еще одна из его программ массового промывания мозгов, сыгравшая важную роль в корпоративном мире.

**Ниалл Фергюсон**

Ниалл Фергюсон - профессор истории, преподавал в Кембридже, а сейчас занимает должность в Оксфорде. Таковы полномочия "придворного историка", главной целью которого является защита патриотических и политических мифов своего правительства.

Однако профессор Фергюссон написал иконоборческую атаку на один из самых почтенных патриотических мифов британцев, а именно, что Первая мировая война была великой и необходимой войной, в которой британцы совершили благородный поступок, вмешавшись, чтобы защитить нейтралитет Бельгии, свободу Франции и французскую и британскую империи от военной агрессии со стороны ненавистных гуннов. Такие политики, как Ллойд Джордж и Черчилль, утверждали, что война не только необходима, но и неизбежна. В этом им умело помогала фабрика пропаганды в Веллингтон Хаус, "дом лжи", как назвал его Тойнби.

Фергюсон задает и отвечает на десять конкретных вопросов о Первой мировой войне, один из самых важных - стоила ли война десяти миллионов жертв.

Он не только отвечает отрицательно, но и приходит к выводу, что мировая война не была ни необходимой, ни неизбежной, а скорее стала результатом грубо ошибочных решений британских политических лидеров, основанных на неправильном восприятии "угрозы", которую представляла Германия для Британской империи. Фергюсон называет это "не иначе как величайшей ошибкой в современной истории".

Он идет дальше и возлагает большую часть вины на британцев, поскольку именно британское правительство в конечном итоге решило превратить континентальную войну в мировую.

Он утверждает, что у британцев не было юридического обязательства защищать Бельгию или Францию, и что наращивание военно-морского флота Германии не представляло для них реальной угрозы.

Британские политические лидеры, утверждает Фергюсон, должны были понять, что главный страх немцев заключался в том, что они будут окружены растущей промышленной и военной мощью России, а также многочисленной французской армией. Он также утверждает, что кайзер выполнил бы свое обещание, данное Лондону накануне войны, гарантировать территориальную целостность Франции и Бельгии в обмен на нейтралитет Великобритании.

Фергюсон приходит к выводу, что "решение Великобритании о вмешательстве было результатом тайного планирования ее генералов и дипломатов, начиная с 1905 года" и было основано на неверной интерпретации намерений Германии, "которые представлялись наполеоновского масштаба". Политические расчеты также сыграли свою роль в развязывании войны. Фергюсон отмечает, что министр иностранных дел Эдвард Грей дал толчок, который вывел Великобританию на тропу войны. Хотя большинство других министров колебались. "В конце концов они согласились поддержать Грея, отчасти из страха, что их оттеснят от власти и впустят Тори в Дом".

Такова была сила лжи и пропаганды, исходящей из Веллингтон Хаус, предшественника Тавистокского института человеческих отношений.

Первая мировая война продолжает беспокоить британцев и по сей день, так же как Гражданская война продолжает преследовать американцев. Британские потери в войне составили 723 000 человек, что более чем в два раза превышает число потерь во Второй мировой войне. Автор пишет:

> "Первая мировая война остается самым страшным событием, которое когда-либо пришлось пережить народу моей страны".

Одной из самых больших издержек войны, которая была затянута благодаря участию Британии и Америки, стало разрушение российского правительства.

Фергюсон утверждает, что в отсутствие британского вмешательства наиболее вероятным исходом была бы быстрая победа Германии с некоторыми территориальными уступками на востоке, но без большевистской революции.

Не было бы Ленина - не было бы и Гитлера.

> "В конечном счете, именно благодаря войне оба человека смогли подняться и установить варварские деспотии, которые совершали еще больше массовых убийств".

По мнению Фергюсона, если бы британцы остались в стороне, их империя все еще была бы сильной и жизнеспособной. Он считает, что британцы могли бы легко сосуществовать с Германией, с которой у них были хорошие отношения до войны. Но победа британцев далась ценой, "намного превышающей их достижения", и "уничтожила первый золотой век экономической "глобализации"". Но безжалостная антинемецкая пропаганда превратила эти хорошие отношения во вражду и ненависть.

Первая мировая война также привела к большой потере личной свободы. "Британия военного времени... поэтапно превратилась в своего рода полицейское государство", - пишет Фергюсон. Конечно, свобода всегда является жертвой войны, и автор сравнивает британскую ситуацию с драконовскими мерами, введенными в Америке президентом Вильсоном.

Подавление свободы слова в Америке "сделало насмешкой заявления союзных держав о борьбе за свободу". Профессор Фергюссон знал, что Уилсон ввел наихудшие ограничения на свободу слова. Он даже пытался арестовать сенатора Ла Фоллетта за то, что тот выступал против войны.

Хотя Фергюсон выступал в основном перед британской аудиторией, он актуален для американцев, которые трагически последовали за британцами, ошеломленными пропагандой и полностью манипулируемыми, в двух мировых войнах, ценой огромной потери свободы в результате централизации власти в правительстве Левиафана в Вашингтоне.

Из этого своевременного предупреждения можно извлечь много ценных уроков: Тавистокский институт, преемник Веллингтон Хаус, показал, как легко обуздать и контролировать умы больших слоев населения.

### "Великая война: сила пропаганды

Плоды войны, которых не хотели простые люди в Британии,

Франции, Германии, Бельгии и России: убитые в расцвете сил:

| | |
|---|---|
| **Британия и империя** | 2 998 671 |
| **Франция** | 1 357 800 |
| **Германия** | 2 037 700 |
| **Бельгия** | 58,402 |

Это относится в основном к погибшим на "Западном фронте" и "Восточном фронте" и не включает потери на других фронтах других государств. Затраты составили $180 000 000 000 по прямому учету и $151 612 500 000 по косвенному учету.

Два сражения Первой мировой войны, упомянутые в этой книге:

**Пашендале**. Сражение началось 31 июля 1917 года и продолжалось три месяца. Потери составили 400 000 человек.

**Верден**. Началась 21 февраля 1916 года и закончилась 7 июня. 700 000 человек убито.

## Последующие пропагандистские усилия

Институт Тавистока настолько усовершенствовал свои методы, что, согласно недавнему экспертному заключению, 70% всех капиталов и человеческих ресурсов, которые тратят американские правительственные программы рекламы/пропаганды на стратегические цели, идут на психологические операции. Пропаганда, из которой состоят эти психологические операции, стала самой значительной частью того, что значит быть американцем и британцем.

Уровень пропаганды сейчас настолько высок, настолько всеобъемлющ, что социологи полагаются на нее как на тотальность американской жизни, и в результате этой устойчивой пропаганды жизнь в обеих странах превратилась в симуляцию. Тависток предсказывает, как и философы и социологи от Бодрийяра до Маклюэна, что эта симуляция вскоре будет заменена реальностью.

Общественное восприятие пропаганды ассоциирует ее с рекламой и той ангажированной пропагандой, которая транслируется в ток-шоу на радио, или с ревностным радиопроповедником. Действительно, все это формы пропаганды, но в большинстве своем они признаются таковыми.

Рекламодатель пытается внедрить свой конкретный товар или услугу в сознание аудитории. Политические комментарии делают то же самое, и точно так же религиозные передачи в равной степени направлены как на мотивацию последователей к принятию определенного курса действий, например, к поддержке войны или страны, которую они считают "библейской" и которую мы должны поддерживать в ущерб другим, так и на изменение духовной ориентации неприверженных слушателей. Таким образом, они надеются убедить слушателей принять идеи ораторов или последовать их примеру в поддержку той или иной цели. Любая "проповедь" о Ближнем Востоке на американском радио, в частности, быстро выявляет эту цель.

Другие виды коммуникации, во всех формах СМИ, гораздо более навязчивы, например, намеренно предвзятые или ложные, неполные сообщения, выдаваемые за правду или объективный факт. В действительности это откровенная пропаганда, замаскированная под новости, в чем выпускники Тавистока преуспели.

Принудительная пропаганда, впервые введенная Бернейсом в Веллингтон Хаус для насильственного убеждения безвольного населения, осуществляется путем научного повторения. Первая мировая война была великим днем для Веллингтон Хаус, с тысячами репутаций, таких как "Мясник из Берлина" и т.д.

Во время последней войны в Персидском заливе американский народ не был склонен беспокоиться о вторжении Саддама Хусейна, но Пауэлл, Райс, Чейни и череда "авторитетов" заставили американский народ поверить, что Саддам Хусейн может вскоре наколдовать "грибовидное облако" над США, хотя их утверждения не соответствовали действительности.

Заявление о том, что "Саддам представлял угрозу для своих соседей", снова и снова повторяли правительственные чиновники и военные лидеры, к которым вскоре присоединилось большое количество людей.

Частные организации, политические комментаторы, интеллектуалы, художники и, конечно же, средства массовой информации делали заголовки новостей, даже если они были основаны на слоях лжи.

Пропагандистские послания отличаются друг от друга, но основной посыл всегда один и тот же. Объем предупреждений и разнообразие задействованных источников подтвердили в сознании людей, что угроза реальна. Лозунги помогают слушателям и читателям этого пропагандистского материала представить себе "опасность", которая организуется не столько для защиты страны, сколько для того, чтобы вызвать активное участие путем повышения уровня истерии.

Это обычная практика, используемая Великобританией и США во всех войнах, в которых они участвовали с 1900 года по сегодняшний день. Возникшая атмосфера страха привела к желаемому результату: быстрому расширению военных исследований и накоплению оружия, а также "упреждающим ударам" в Сербии и Ираке.

Пропаганда развалилась во время войны во Вьетнаме, когда американцы увидели жестокость боевых действий в своих гостиных, и представление об "оборонительной" войне рухнуло. Организаторы войн в Сербии и Ираке старались не допустить повторения ошибки.

Эффект пропаганды был настолько велик, что большинство американцев до сих пор считают, что Вьетнам был "антикоммунистической" войной. От холодной войны в целом - Кубинского ракетного кризиса - до Сербии, пропаганда позволяла враждебным действиям процветать и множиться.

Пропаганда антикоммунистической эпохи была сделана Тавистоком на заказ и призвана способствовать развитию глобальной военной экспансии США, которая велась с момента создания Института мирных отношений в 1930-х годах и на которую наткнулся Маккарти.

Существуют и другие виды коварной пропаганды; другие виды пропаганды направлены на социальное поведение или групповую лояльность. Мы видим это на примере падения нравов, охватившего мир на волне хорошо направленной пропаганды, которой способствовали Г. В. Дикс, Р. Бион, Хэдли Кэнтрил и Эдвард Бернейс, социологи, которые в свое время руководили операцией в Тавистоке. Их продукт, пропаганда, - это иллюзия правды, создаваемая этими пропагандистскими проститутками обмана и лжи.

# Библиография

*Путешествие в безумие*, Гордон Томас

*МК. Ультра 90*; ЦРУ

*American Journal of Psychiatry*, Jan. 1956; Dr. Ewan Cameron.

Документы, касающиеся деятельности "Общества по исследованию психологии человека". Это было прикрытие для экспериментов ЦРУ по контролю сознания.

*Этика террора*, профессор Авраам Каплан.

*Психиатр и террор*, профессор Джон Ган.

*Техники убеждения*, I.R.C. Brown.

*Психоз; Понимание безумия*, Эндрю Кроукрофт.

(Как только вы поймете "безумие", его можно воссоздать в любом предмете).

*Битва за разум"*, Invicta Press.

*The Mind Possessed*, Invicta Press.

*Собрание сочинений доктора Хосе Дельгадо*

*Эксперименты по дистанционному управлению сознанием* (ESB): доктор Роберт Хит.

Доктор Хит провел успешные эксперименты с EGS, которые показали, что он может создавать провалы в памяти, вызывать внезапные импульсы (например, случайные выстрелы), вызывать страх, удовольствие и ненависть по его команде.

*ESB Experiments*, Gottlieb.

Доктор Готлиб заявил, что его эксперименты ведут к созданию психоцивилизованного человека, а затем и целого психоцивилизованного общества, в котором каждая человеческая мысль, эмоция, ощущение и желание полностью контролируются электрической стимуляцией мозга.

Доктор Готтлейб сказал, что он может остановить быка на его пути; запрограммировать людей на убийство по команде.

Подробная документация об экспериментах, проведенных ЦРУ с

использованием CSE под контролем доктора Стивена Олдрича.

*Сборник научных трудов доктора Алана Камерона.*

Они были найдены вместе с огромной коллекцией документов об экспериментах по контролю сознания, упакованных в 130 коробок, которые проводил доктор Готтлейб и которые он не уничтожил по приказу ЦРУ.

*Нью-Йорк Таймс*", декабрь 1974 года. "Разоблачение экспериментов ЦРУ по контролю сознания". "

Помимо вышеперечисленного, существует собственная работа доктора Коулмана "*Метафизика, контроль разума, КНЧ-излучение и модификация погоды*", опубликованная в 1984 году и обновленная в 2005 году.

В этой же книге доктор Коулман объясняет, как работает контроль сознания, и приводит наглядные примеры. Он расширил свою предыдущую работу "*Контроль разума в 20th веке*", в которой подробно описывается, как усовершенствовались методы контроля разума.

*Динамическая теория личности*. Доктор Курт Левин

*Временная перспектива и мораль*

*Невроз войны.* У.Р. Бион (Macmillan London 1943)

Опыт работы в группах" (*Lancet*, 27 ноября 1943 г.)

*Группы без лидеров* (Лондон, 1940)

*Опыт работы в группах* (Вестник)

*Катастрофические изменения*, (Британское психоаналитическое общество)

*Элементы психоанализа*, Лондон, 1963 г.

*Пограничные расстройства личности*, Лондон

*Сила и идеи*, Уолтер Липпманн

*Общественное мнение*, Уолтер Липпманн

*Кристаллизация общественного мнения*, Эдвард Бернейс

*Пропаганда*, Эдвард Бернейс

The *Daily Mirror*, Альфред Хармсворт, 1903/1904 гг.

The *Sunday Mirror*, Альфред Хармсворт, 1905/1915 гг.

*Человеческие качества*, Аурелио Печчеи, 1967 г.

*Впереди пропасть*, Аурелио Печчеи

*Вильгельм II, император Германии*. Переписка Вильгельма II

*Воспоминания о Ленине*, Н. Крупская (Лондон 1942)

*Мировой кризис*, Уинстон Черчилль

*Как мы рекламировали Америку*, Джордж Крил, Нью-Йорк, 1920 г.

*Вильсон, Новая свобода*, Артур С. Линк 1956 г.

*Акварианский заговор*, Мэрилин Фергюссон

*Некоторые принципы массового убеждения*, Дорвин Картрайт

*Журнал гуманистической психологии*, Джон Роулингс Риз

*Понимание поведения человека*, Гордон Олпорт

*Вторжение с Марса*, Хэдли Кэнтрилл

*Война миров*, Г. Г. Уэллс

Террор по радио, The *New York Times*

*Психология науки*, Олдос Хаксли

*История королей*, Герцог Виндзорский

*Мои четыре года в Германии*, Джеймс В. Джерард

*Под железной пятой*, Г. В. Стивенс

*Технотронная эра*, Збигнев Бжезинский

*Публикации Института развития и управления*, Рональд Липперт,

Когда исследование действия становится методологией холодной войны

*Наука о принуждении*, Ренсис Лайкерт

Системы и стиль управления.

*Психическое напряжение*. Х.В. Дикс

*Состояние психиатрии в британской психиатрии*, Х.В. Дикс

*Джунгли"*, Эптон Синклер

*Призыв к разуму Менялы денег*

*Техники пропаганды в мировой войне*, Гарольд Лассуэлл

*Имперские сумерки*, Берита Хардинг

*Невинность и опыт*, Грегори Бейтсон

*Ради Бога*, Бейтсон и Маргарет Мид

*Они выгнали Бога из сада*, Р.Д. Лаинг

Шаги к экологии разума. Факты из жизни.

*На нашем пути*, Франклин Д. Рузвельт

*Как гибнут демократии*, Жан Франсуа Ревель

*Дизраэли*, Стэнли Вайнтрауб

*Brute Force: Allied Strategy Tactics WWII.* Джон Эллис

*Концентрационные лагеря в Южной Африке*, Напьер Дэвитт

*The Times History of the War in South Africa*, Sampson Low 7 Vols.

*Человек организации*, Йорген Шлейман 1965

*Сталин и немецкий коммунизм*, Йорген Шлейман, 1948 год

*Вилли Мюнценберг Политическая биография*, Бабетта Гросс, 1974 год

*Техника пропаганды в мировой войне*, Гарольд Лоуэлл

*Угроза пропаганды"*, Фредерик Э. Ламли, 1933 г.

*История Российской коммунистической партии*, Леонард Шапиро, 1960 год

*Нойе Цюрхер Цайтунг*, 21 декабря 1957 года

*Приход большевиков к власти и Ноябрьская революция*, А.П. Керенский, 1935 год

*Десять дней, которые потрясли мир*, Джон Рид, 1919 год

# Уже опубликовано

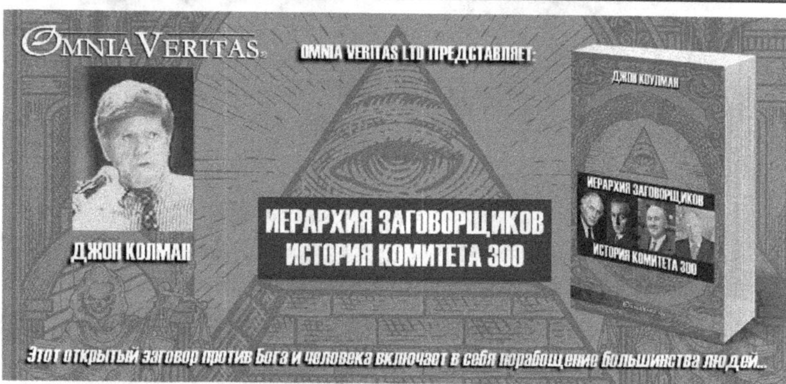

OMNIA VERITAS
OMNIA VERITAS LTD ПРЕДСТАВЛЯЕТ:
ДИКТАТУРА СОЦИАЛИСТИЧЕСКОГО МИРОВОГО ПОРЯДКА
Все эти годы, пока наше внимание было сосредоточено на зле коммунизма в Москве, социалисты в Вашингтоне были заняты тем, что воровали у Америки...
ДЖОН КОЛМАН
"Врага в Вашингтоне нужно бояться больше, чем врага в Москве"

OMNIA VERITAS
OMNIA VERITAS LTD ПРЕДСТАВЛЯЕТ:
ДЖОН КОЛМАН
ДИПЛОМАТИЯ ПУТЕМ ЛЖИ
РАССКАЗ О ПРЕДАТЕЛЬСКОМ ПОВЕДЕНИИ ПРАВИТЕЛЬСТВ ВЕЛИКОБРИТАНИИ И США
История создания Организации Объединенных Наций - это классический случай дипломатии обмана

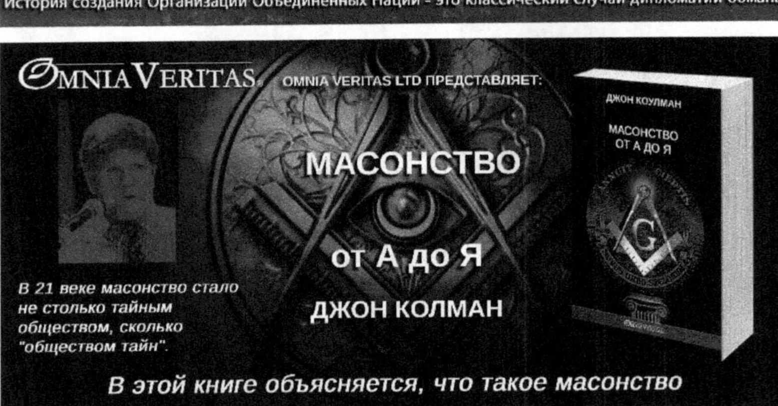
OMNIA VERITAS
OMNIA VERITAS LTD ПРЕДСТАВЛЯЕТ:
МАСОНСТВО
от А до Я
ДЖОН КОЛМАН
В 21 веке масонство стало не столько тайным обществом, сколько "обществом тайн".
В этой книге объясняется, что такое масонство

OMNIA VERITAS
OMNIA VERITAS LTD ПРЕДСТАВЛЯЕТ:
НЕФТЯНЫЕ ВОЙНЫ
ДЖОН КОЛМАН
Исторический рассказ о нефтяной промышленности проводит нас через изгибы и повороты "дипломатии".
ДЖОН КОЛМАН
НЕФТЯНЫЕ ВОЙНЫ
Борьба за монополизацию ресурса, желанного для всех стран

OMNIA VERITAS
OMNIA VERITAS LTD ПРЕДСТАВЛЯЕТ:
ДИНАСТИЯ РОТШИЛЬДОВ
ДЖОН КОУЛМАН
ДИНАСТИЯ РОТШИЛЬДОВ
Джон Колман
Исторические события часто вызываются "скрытой рукой"...

OMNIA VERITAS
OMNIA VERITAS LTD ПРЕДСТАВЛЯЕТ:
ВОЙНА НАРКОТИКОВ против АМЕРИКИ
ДЖОН КОЛМАН
ВОЙНА НАРКОТИКОВ против АМЕРИКИ
Наркоторговлю невозможно искоренить, потому что ее руководители не позволят отобрать у них самый прибыльный рынок в мире...
ДЖОН КОЛМАН
Настоящими поборниками этой проклятой торговли являются "элиты" этого мира

OMNIA VERITAS
Omnia Veritas Ltd представляет:
Уолл-Стрит И Большевицкая $Революция
Энтони Саттон
Уолл-Стрит И Большевицкая Революция
"Я не собираюсь заставлять кого-либо полагать, что я обнаружил новинку - политики лгут..."
Antony Sutton
Антоний Саттон придерживается конкретной, поддающейся проверке и подтвержденной документации

OMNIA VERITAS®
OMNIA VERITAS LTD ПРЕДСТАВЛЯЕТ
СИМФОНИЯ
В
КРАСНОМ МАЖОРЕ
Ротшильды были не казначеями, а лидерами этого первого тайного коммунизма. Ведь хорошо известно, что Маркс и высшие руководители Первого Интернационала находились под руководством барона Лионеля де Ротшильда...
Важный исторический труд


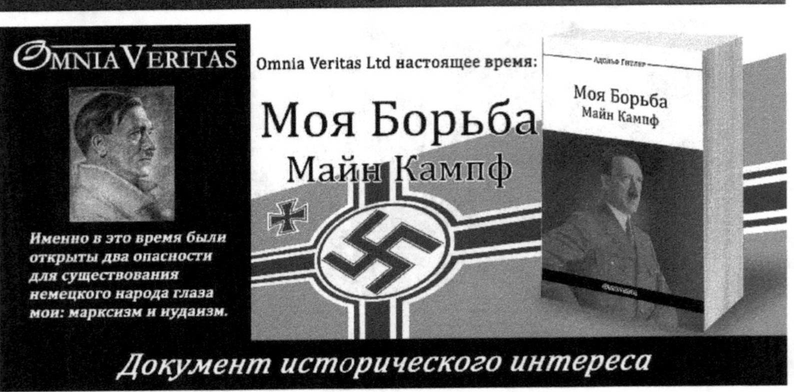

OMNIA VERITAS
Omnia Veritas Ltd настоящее время:
Моя Борьба
Майн Кампф
Адольф Гитлер
Моя Борьба
Майн Кампф
Именно в это время были открыты два опасности для существования немецкого народа глаза мои: марксизм и иудаизм.
Документ исторического интереса

OMNIA VERITAS
OMNIA VERITAS LTD ПРЕДСТАВЛЯЕТ:
ROGER GARAUDY
ОСНОВОПОЛАГАЮЩИЕ
МИФЫ ИЗРАИЛЬСКОЙ
ПОЛИТИКИ
РОЖЕ ГАРОДИ
ОСНОВОПОЛАГАЮЩИЕ
МИФЫ ИЗРАИЛЬСКОЙ
ПОЛИТИКИ
Кто виновен? Кто совершает преступление или кто его доносит?

OMNIA VERITAS®
www.omnia-veritas.com

www.ingramcontent.com/pod-product-compliance
Lightning Source LLC
Chambersburg PA
CBHW070743270326
41927CB00010B/2086

* 9 7 8 1 8 0 5 4 0 0 0 4 2 *